RESEARCH ON LENIN'S YOUTH EDUCATION THEORY

列宁青年教育
理论研究

张建峰　著

辽宁人民出版社

ⓒ张建峰　2024

图书在版编目（CIP）数据

列宁青年教育理论研究 / 张建峰著 . —沈阳：辽
宁人民出版社，2024.1
　　ISBN 978-7-205-10936-3

　　Ⅰ . ①列… Ⅱ . ①张… Ⅲ . ①列宁主义—青少年教育
—教育理论—研究 Ⅳ . ① A821.67

中国国家版本馆 CIP 数据核字（2023）第 224049 号

出版发行：辽宁人民出版社
　　　　　地址：沈阳市和平区十一纬路 25 号　邮编：110003
　　　　　电话：024-23284321（邮　购）　024-23284324（发行部）
　　　　　传真：024-23284191（发行部）　024-23284304（办公室）
　　　　　http://www.lnpph.com.cn
印　　　刷：辽宁新华印务有限公司
幅面尺寸：170mm×240mm
印　　张：14.75
字　　数：200 千字
出版时间：2024 年 1 月第 1 版
印刷时间：2024 年 1 月第 1 次印刷
责任编辑：王　增
封面设计：G-Design
版式设计：李红梅
责任校对：吴艳杰
书　　号：ISBN 978-7-205-10936-3

定　　价：58.00 元

目 录

第一章
绪论

习近平同志在党的二十大报告中勉励广大青年，"立志做有理想、敢担当、能吃苦、肯奋斗的新时代好青年"①。这份期待和鼓舞，表明了青年是支撑党的宏伟事业薪火相传的未来力量，是全面建设社会主义现代化国家的先锋力量，是实现中华民族伟大复兴中国梦的后备力量。新时代中国青年肩负着党、国家和人民赋予的重大责任和使命，必须充分激发广大青年在中国式现代化建设中挺膺担当，而要使之真正能够学会担当、敢于担当、善于担当，就离不开对他们培养和教育。培养有理想的青年，这是对青年政治信仰的要求；培养敢担当的青年，这是对青年能力本领的要求；培养能吃苦的青年，这是对青年意志品质的要求；培养肯奋斗的青年，这是对青年精神状态的要求。要想真正达到这些要求，就必须根据青年的自身特点和教育的客观规律，制定出一整套科学完备的青年教育方案，为青年一代的茁壮成长保驾护航。马克思主义经典作家始终高度重视青年、认可青年、善待青年，其关于青年教育的诸多经典理论观点具有永久价值。列宁作为将青年教育问题从理论带向实践、从运动通往制度的第一人，用无产阶级革命家的果敢魄力和马克思主义

---

① 习近平.高举中国特色社会主义伟大旗帜，为全面建设社会主义现代化国家而团结奋斗［M］// 习近平著作选读：第1卷.北京：人民出版社，2023：58.

思想家的开阔视野，领导探索并实施了世界上第一个社会主义国家青年教育事业的伟大征程，是列宁青年教育理论的主要创立者，为当代我国的青年教育事业提供了源头活水，可以从中获得历久弥新的宝贵经验借鉴和现实启示。

一、研究背景和意义

以"列宁青年教育理论"为题进行学术研究，并不是无源之水、无本之木，而是植根于一定的时代背景和社会土壤，有着极为必要的理论求索追求和服务现实需要。因此，首先对研究该论题的时代背景、理论背景和社会背景进行考察，进而提出与之相适应和匹配的理论意义、现实意义。

（一）研究背景

从时代背景上看，习近平同志在党的十九大报告中指出："青年一代有理想、有本领、有担当，国家就有前途，民族就有希望。"[①]这一论断深刻揭示了青年对于国家强大和民族兴盛的重大意义。同时，他在报告中以独立段落论述了青年一代的地位作用、目标任务、支持力量、成长道路等一系列新时代课题，再度彰显了中国共产党始终重视青年工作。从召开党的历史上第一次中央党的群团工作会议，到出台新中国历史上第一个国家级青年发展规划《中长期青年

---

① 习近平. 决胜全面建成小康社会，夺取新时代中国特色社会主义伟大胜利 [M] // 习近平著作选读：第 2 卷. 北京：人民出版社，2023：57.

发展规划（2016—2025 年）》和第一部专门关于青年的白皮书《新时代的中国青年》，又到全国教育大会将劳动教育纳入社会主义建设者和接班人的总体要求当中，再到国家相继印发关于新时代学校劳动教育、体育工作、美育工作等各类文件，体现出党和国家对青年和青年教育的新要求、新举措和新期待，标志着党的青年教育事业取得的成绩达到了前所未有的崭新高度，进入了新时代的全新发展阶段。

从理论背景上看，习近平同志在不同场合多次强调"要原原本本学习和研读经典著作"①，学习马克思主义经典作家的眼界、知识以及由此生成的理论和知识体系，掌握看家本领。列宁作为俄国共产党（布尔什维克）、列宁主义的主要创立者和人类社会历史上第一个社会主义国家的缔造者，他对于青年教育的理论和实践问题有着诸多丰富精彩的论述，形成了列宁青年教育理论。2020 年，是列宁诞辰 150 周年，也是其经典名篇《青年团的任务》发表 100 周年；2021 年，是中国共产党成立 100 周年。在这两个极具特殊意义的时间节点，从学理层面去深入联系和思考党的青年教育问题，可谓恰逢其时。

从社会背景上看，当代青年教育事业任重道远，部分西方国家无时无刻不在对我国青年进行西方意识形态价值观的渗透，社会上形成的历史虚无主义、新自由主义、"普世价值"论调等一连串错误思潮也在侵蚀着青年的思想，甚至极少数青年身上还存在拜金享乐主义、极端个人主义、躲避逃避责任等错误认识和行为。如何破

---

① 习近平. 在全国党校工作会议上的讲话［M］//论党的宣传思想工作. 北京：中央文献出版社，2020：155.

解这些问题，则被摆在了青年教育道路上的突出位置。因此，要坚持问题导向，用真正的马克思主义科学态度，研究列宁青年教育理论中关于社会主义国家青年教育的基本原理、鲜明立场、特色观点、方式方法，这将对于我国当前以及未来青年教育的理论发展与实践进步产生重要的启示作用。

（二）研究意义

1.理论意义

（1）有利于较为全面梳理归纳列宁青年教育理论的结构内涵

列宁对于青年及青年教育的相关论述十分丰富多样，形成了以《青年团的任务》等经典篇目为核心的青年教育专题文本群。长期以来，学术理论界充分重视对列宁关于青年教育问题经典名篇的研究和阐释，相对而言缺乏对列宁关于青年教育其他论述的深入发掘，这一研究现状不利于展现列宁青年教育理论的全面性和系统性，也与列宁青年教育理论在马克思主义青年教育理论体系中的地位不相称。本研究侧重对散见在列宁文本中关于青年教育的论述作出集中梳理、归纳和总结，探究列宁针对青年教育的内容和方法等维度提出的一系列思想观点，从整体性上找寻这一科学理论的特色闪光之处，从历史性上定位这一原创理论的卓越贡献，从时代性上彰显这一经典理论的永久价值。

（2）有利于夯实思想政治教育学科关于青年教育的理论基础

青年，是思想政治教育学科的重点研究对象，也是思想政治教育活动的重点教育对象。思想政治教育学科的学科属性和学科地位的确立，离不开马克思主义经典理论的奠基与支撑，离不开马克思主义经典作家相关论述的明证与指导，这一点始终是思想政治教育研究者着力要深耕破解但又亟待施力推进的重要学术命题。如果说马克思主义关于辩证唯物主义和历史唯物主义的基本原理为思想政治教育学科提供了最为根本的理论基础，那么列宁青年教育理论就为思想政治教育学科给出了最为直接的理论基础，这一理论为思想政治教育学科提供了较为明显的理论指引。因此，本研究的研究目的之一，就是要为思想政治教育学科的理论基础研究，特别是为青年思想政治教育学的进一步快速发展提供马克思主义经典作家的青年教育理论资源。

（3）有利于深化对列宁主义重要地位与价值贡献的学理关注

自苏联解体、东欧剧变之后，俄罗斯学术理论界关于列宁主义的研究成果也日渐式微。随之而来，以西方"列宁学"为代表的研究者，当中不乏用其惯有的意识形态偏见来攻击列宁主义的研究者，他们肆意曲解、歪解、肢解列宁主义的科学理论体系，就列宁在某一历史阶段的特定做法作以片面性误读和误判，刻意制造列宁思想观点的前后对立与冲突。而中国特色社会主义道路的开创，使得列宁未竟的无产阶级和共产主义事业，以及列宁主义的研究重镇，历史性地转移到社会主义中国，坚持和发展列宁主义的历史重任落到了中国共产党人身上。为了更好推进和完成这一责任与使命，必然要从学理上对列宁主义的科学性进行论证，廓清错误的思想认识，总结历史的经验教训，而列宁青年教育理论就是一个重要的突破口。

2. 现实意义

（1）有利于对培育"时代新人"的鲜明原则提供有益指导

列宁青年教育理论是在实践中产生、发展并不断走向成熟的正确理论。19 世纪末 20 世纪初的俄国和 21 世纪的当代中国，虽然两国所处的时代条件发生了巨大变化，青年群体面临的实际问题也不尽相同，但最终指向都是为党和国家的事业发展培养社会主义新青年。列宁青年教育理论的核心立场、观点和方法能够跨越时空的界限，有利于对新时代青年思想政治教育实践产生价值指引。在培养什么人的问题上，列宁以社会主义的目标原则统领布尔什维克党、苏维埃政权和青年的个体发展，实现政党、国家、个体在青年教育中的高度统一。这进一步坚定了教育和培养"时代新人"的目标导向与原则导向，必须秉持为党育人、为国育才的重大原则，使青年一代在为党、为国家、为人民、为民族、为人类的不懈奋斗中实现自身价值。

（2）有利于对完善党的青年工作的联系机制提供现实启示

列宁十分重视党对青年工作的领导，将党对青年教育事业的全面领导确定为根本政治原则，认为青年团体和青年组织要遵循党的指示，避免因盲目投入行动而给自身和党的事业带来损害。为了更好地帮助青年，列宁强调党员同志必须加强同青年人的沟通与联系，懂得接近和教育青年的恰当方式方法，畅通青年能够便捷与党建立联系的渠道，使青年可以与党的队伍直接联系。新时代，党的青年工作面临一系列新情况和新问题，更加迫切需要密切与青年的联系，倾听青年内心的真实声音，真正了解青年的所思所想所惑。而如何使青年遇到问题时愿意第一时间积极主动向党组织反映，党的领导干部联系基层青年群众的做法又怎样才能更为进一步地取得实效，列宁关于党要"直接联系青年"的诸多观点无疑具有重要的现实启示意义。

（3）有利于对加强新时代共青团的自身建设提供经验借鉴

列宁将俄国共产主义青年团视作为党做好青年教育工作的关键组织。一方面，将青年工农和青年学生的教育任务都交予青年团；另一方面，也将青年团视为储备人才和向党输送优秀人才的重要力量源泉，足见他对青年团地位和作用的高度重视。正因青年团的特殊职能属性，列宁对青年团组织肩负的责任使命和需要完成的任务也提出了更加严格的要求，即不仅要将自己的成员培养成为社会主义的接班人，在国家各项工作中争当表率，发挥首创精神，还要以青年团员的实际举动带动整个青年群体的进步与成长，发挥青年榜样的示范带动作用。列宁在关于青年团的论述中体现出来的基本精神，将对新时代中国共产主义青年团加强自身建设提供社会主义国家的同源经验，有助于更好发挥新时代共青团当好党联系青年最为牢固的桥梁和纽带的关键作用。

二、国内外研究综述

为较为全面地了解并掌握国内外学界有关列宁青年教育理论的研究成果，进而梳理各类研究的发展脉络，明晰最新的研究动向，笔者对与本研究相关的文献进行了搜集、整理和分析，进一步明确了基本的研究思路和切入点。

（一）国内研究综述

1.关于"列宁教育理论"的研究

（1）列宁教育理论的综合性研究。有学者认为，列宁关于国家文化—经济—政治三位一体的总体构想，是解读列宁教育理论的一种可行路径。在教育文化工作与政治的联系上，教育必须坚持社会主义的政治方向和共产党对教育的领导权，同时还要将政治教育和文化教育有机结合起来。在教育文化工作与经济的联系上，教育要适应国家中心任务，保证经济建设的顺利进行，应该通过建立国民教育机构网以推动经济建设发展。此外，在发展教育事业的政策措施上，列宁主张"通过各种政策提高教师的地位，发挥教师的积极性；克服一切困难增加教育经费，确保教育资源"[1]，还提出通过编写和发行工农读物、报纸和电影等各种有效手段推进文化教育工作。有学者关注到列宁关于"教育—文化"战略的思想观点，认为这是保障俄国取得社会主义胜利的重要条件之一。一方面，在俄国发展"教育—文化"事业有利于为实现人民当家作主提供根本保证，有利于实现"俄罗斯联邦电气化计划"，有利于助推苏维埃取得完全胜利。另一方面，在具体举措上，列宁为发展本国"教育—文化"事业作出了一系列探索，主要包含"实行义务教育，颁布扫盲法令；增加教育经费，拓宽办学渠道；努力改造学校，发挥教师作用；爱护知识分子，提高教师待遇"[2]等举措。有学者从列宁对劳动者开展教育的视角来研究列宁教育理论，指出列宁通过文化教育来对劳动者进行智力开发，以解决较为突出的文盲问题。在教育劳动者的具体途径、方法和措施上，主要有"改革和发展教育事业；把教育和生产劳动

---

① 舒新，林建华.列宁的国民教育思想述论 [J].当代世界与社会主义，2003（2）：111-115.

② 王俊文.论列宁的"教育—文化"发展观及其当代启示 [J].学术论坛，2012，35（4）：24-29.

相结合；把教育和沸腾的实际生活相结合"① 等方面。

（2）列宁社会主义或共产主义教育理论。有学者② 将列宁社会主义教育理论体系分为继承与发展两大路向，"继承"表现为列宁丰富了马克思主义教育思想；"发展"表现为列宁紧密结合俄国教育的实际情况，继而提出了社会主义教育的本质、社会主义教育的总目标、社会主义人民教师等相关问题。延伸至列宁共产主义教育理论，有学者③ 明确将其定位为一种信念教育，围绕外化、内化、进阶三个维度进行解析，认为"外化"是列宁借助建立自身组织、批判不良思潮等措施，向社会各阶层传播和宣传社会主义理论；"内化"是无产阶级内部必须要坚定社会主义信念；"进阶"是全体俄国人民和全世界劳动人民要有社会主义必将发展至共产主义、共产主义社会必定实现的信心。还有部分学者将列宁社会主义教育理论、列宁共产主义教育理论理解为是一种党性教育理论，更多聚焦在党员的共产主义信仰教育或理想信念教育问题。有学者从列宁"党性是社会主义思想"的论断出发，指出列宁从"党性教育的政治性、实践性与纪律性"④ 等三方面着手，探求加强党性教育的具体实现路径。有学者⑤ 归纳概括了列宁开展党员共产主义信仰教育的方法，

① 李建国.列宁保护和教育劳动者的思想对当代中国的启示［J］.马克思主义研究，2010（10）：48-55.

② 程水栋.列宁的社会主义教育思想探微［J］.天府新论，2011（3）：154-156.

③ 陈伟，刘德中.列宁共产主义信念教育思想的三维透视［J］.思想政治教育研究，2019,35（2）：51-55.

④ 寇清杰，李征征.列宁党性思想的着力点及党性教育实现路径［J］.广西社会科学，2019，294（12）：184-189.

⑤ 双传学，朱晓林.列宁关于党员的共产主义信仰教育思想［J］.南京政治学院学报，2014,30（1）：7-10.

认为主要有广泛深入人民群众、提高自身党性修养、变革宣传手段做法、建立监督批评制度等方法。有学者①将列宁党员理想信念教育理论总结为三个方面的主要内容，分别是以马克思主义作为指导思想、以共产主义理想作为价值目标、以党的自身建设作为基本内容。有学者②从六个方面概括提出了列宁以增进群众认同为导向的关于共产主义理想信念教育的方略。一是推进马克思主义理论教育，强化群众理论认同；二是培育群众对共产主义的正确认识，深化群众思想认同，坚定群众对建设共产主义的信心，借助学习共产主义文化、正确理解共产主义要求和提升共产主义建设能力来提高群众的共产主义素养；三是推动共产主义有效宣传，凝聚群众情感认同，具体方式和要求有积极批判错误思潮、服务党和国家中心任务、因材施策、坚持正确的政治方向和把脉群众利益导向；四是拓展共产主义道德教育，增进群众道德认同，这一方面的教育要做到摒除利己主义的旧习气、强化主人翁觉悟与意识、发扬典型示范的引领带动作用；五是注重共产主义实践教育，培育群众实践认同，发挥共产主义实践的"试验场"教育功能，发挥日常化具体化生活习惯的强大塑造功能，还要积极弘扬共产主义劳动精神；六是坚定共产党先进领导，铸牢群众政治认同，在教育过程中不仅要使群众树立高度的政治意识，坚持共产党领导不动摇，还要保持共产党的先进性。有学者③重点研究了列宁共产主义理论在道德领域的表现，对列宁

---

① 陈潭，彭东琳.列宁共产党员理想信念教育思想探微［J］.社会科学家，2011（11）：15-18.
② 贺敬垒.列宁的共产主义理想信念培育方略论析［J］.社会主义核心价值观研究，2022,8（5）：59-70.
③ 贺敬垒.列宁的共产主义道德建设思想及其当代启迪［J］.兰州学刊，2023（5）：15-30.

共产主义道德建设思想的基本内涵作了集中探讨。首先，在共产主义道德建设的价值问题上，这是基于国家和社会两方面的需要，一方面是巩固和捍卫社会主义政权的需要，另一方面是调动群众建设共产主义新社会积极性的需要。其次，在共产主义道德建设的目标问题上，这构成了列宁共产主义道德建设思想的核心内容，它以弘扬革命英雄主义精神为支点，以对共产主义事业无限忠诚为底色，以坚持集体主义价值观为内核，以发扬共产主义劳动精神为驱动，以倡导爱国主义和国际主义为标志，以遵从共产主义家庭婚姻道德为要领。最后，在共产主义道德建设的方略问题上，显示了列宁共产主义道德建设思想的实践品格和理论效力，具体体现为尊重群众的主体地位，强化群众的共产主义信念；着眼未来，提升青年的共产主义道德修养；摒弃旧道德旧习气，破除旧道德滋生根源；推进共产主义纪律建设，发挥纪律规制作用；注重榜样引领，加强道德环境构建。

（3）列宁马克思主义教育理论。有学者指出，列宁的理论教育思想，在价值论层面表现为社会与个人发展的统一，在方法论层面表现为理论联系实际的根本原则，在主客体论层面表现为"领袖、政党、阶级、群众"[1]之间发生教育与影响的双向互动关系。有学者认为，列宁的马克思主义理论教育策略，体现了掌握群众、富有整体、贴近生活的三大特点，明确了"实践"与"灌输"[2]是实现理论教育的两大传导途径。同时指出，理论教育的具体实现方式包

---

① 孙来斌.列宁的马克思主义理论教育思想研究［M］.北京：中国社会科学出版社，2003：186-220.

② 曹芸.列宁的马克思主义理论教育思想及其现实启示［M］.南京：河海大学出版社，2013：120-128.

括"学校教育、大众教育和自我教育"[①]。有学者[②]从五个方面梳理了列宁马克思主义教育理论的主旨内容，一是以马克思主义理论为指导开展革命斗争，二是必须坚持党对政治教育工作的领导，三是加强对革命家与群众的教育和培养，四是从整体上把握马克思主义理论，五是马克思主义理论教育必须坚持灌输理论。有学者[③]重点发掘了列宁马克思主义教育理论当中的内生品质——革命性，并分为三个层面进行概括解读。第一个层面是这一理论始终代表无产阶级的革命利益，反映出它注重无产阶级的革命要求和根本利益，倡导体现工人阶级特色的革命文风。第二个层面是这一理论坚决捍卫马克思主义的战斗精神，列宁将自己的历史命运与捍卫马克思主义的使命任务紧密相连，充满着无产阶级的革命战斗精神，注重通过理论战斗的方式进行马克思主义理论教育。第三个层面是这一理论勇于自我批判的理论品格，不断根据实践中的最新发展更新对党的认识和对社会主义的认识，更新着马克思主义理论教育的方法。

（4）列宁政治教育理论。有学者[④]指出，这一理论的主要内容可分为四个维度，体现在政治教育的原则是灌输、关键是理论斗争、本质是党的领导、手段是斗争与实践。有学者[⑤]认为，新经济政策

[①] 吴远，曹芸.列宁的马克思主义理论教育思想及其现实意义 [J].江海学刊，2010（3）：216-222+239.

[②] 陈哲.列宁的马克思主义理论教育思想及其现实意义 [J].高校理论战线，2007（5）：34-38.

[③] 谢成宇，孙来斌.列宁马克思主义理论教育思想的革命品性 [J].社会主义研究，2012（4）：14-17.

[④] 曲建武，张慧敏.列宁政治教育思想对大学生思想政治教育的启示[J].国家教育行政学院学报，2020，275（11）：58-64.

[⑤] 李前进，俞良早.新经济政策时期列宁政治教育思想及其现实启示——基于《新经济政策和政治教育委员会的任务》著作的解读 [J].思想理论教育导刊，2020（5）：42-48.

是列宁开展政治教育工作的缘起，指出政治教育的目的在于教育、启发和帮助人民群众来正确认识新经济政策，正确认识社会主义政治斗争面临的严峻形势，以摆脱文盲愚昧状态，提高文化水平。还有学者[1]认为，列宁政治教育理论包含任务、原则措施两个方面。一方面，政治教育的任务在于，使社会之中的工农群众对苏维埃政权和帝国主义战争等重大问题形成正确的政治认识；另一方面，政治教育的原则与措施主要有党的领导、联系社会生活和党的工作、发挥学校和教师的作用、结合文化知识教育等。有学者从"生成逻辑、目标任务和原则遵循"[2]三个维度，分析了列宁政治教育理论的产生过程，以及这一理论涉及的培养什么人、怎样培养人和为谁培养人等问题。在列宁关于政治教育进行过程的论述中，认为"全面的政治教育"是无产阶级最迫切的要求，政治教育必须"以先进理论为指南"，政治教育"只能从外面灌输进去"，政治教育离不开"政治斗争和政治活动"，从整体上揭示了政治教育的必要性、理论指引、核心内容、宣传方法和改进策略。在列宁关于政治教育目标任务的论述中，认为政治教育要培养"有政治觉悟的人"，政治教育要"培养真正的共产主义者"，政治教育要培养"名副其实的建设者"，体现了从唤醒工人阶级的政治意识，到确立无产阶级的世界观，再到培养社会主义事业建设者的育人理念的贯通性和统一性。在列宁关于政治教育原则遵循的论述中，认为政治教育要坚持"无产阶级

---

① 俞敏.苏俄非常时期列宁的社会政治教育思想及其当代价值［J］.当代世界与社会主义，2016（2）：49-54.

② 申雪寒.列宁论政治教育［J］.社会主义核心价值观研究，2021，7（6）：83-92.

的阶级独立性"，政治教育要"结合成一个不可分的整体"，政治教育是群众性的鼓动，要"到居民的一切阶级中去"，形成了无产阶级政治教育的方法论，即以阶级独立性为前提保证，以整体性为先决条件，以群众性为基本要求。

2.关于列宁思想政治教育理论的研究

（1）列宁思想政治教育理论框架。有学者从列宁关于思想政治教育的教育内容、教育主体、教育对象、教育实践等维度，对列宁思想政治教育理论体系展开研究。在教育内容方面，包含"科学世界观、爱国主义与国际主义、共产主义道德、社会主义信念"①等四个基本层面；在教育主体方面，包含党、国家、工会和教育工作者；在教育对象方面，包含工人、农民、军人、青年和妇女；在教育实践方面，"倡导理论联系实际的实践教育方式"②。还有学者从列宁进行思想政治教育的特殊教育对象——农民来入手，提出农民思想政治教育的必要性和可能性在于农民对俄国发展的作用、自身社会地位，以及与无产阶级的利益交汇点，艰巨性在于农民的生产地位、思想意识和文化水平的诸多障碍，主要措施在于从"教育主体、组织领导、理论教材、文化条件、物质基础"③等方面提供保障。有学者认为，列宁开展的思想政治教育是由理论与实践两大分支构成的特色体系，理论分支包含思想政治教育的"重要缘由、

---

① 柳丽.列宁思想政治教育理论与实践研究［M］.北京：人民出版社，2015：81-111.
② 柳丽.列宁思想政治教育理论与实践研究［M］.北京：人民出版社，2015：177-185.
③ 姚芳,孙来斌.列宁的农民思想政治教育思想及其现实意义［J］.学校党建与思想教育,2010(7）17-20.

总体目标、主要内容、根本原则、核心主体"① 五个部分，串联起无产阶级政党为实现无产阶级专政，在传播共产主义思想过程中贯彻无产阶级斗争精神，以培养真正共产主义者的总体思路。还有部分学者挖掘了列宁经典著作《怎么办？》《青年团的任务》中带有思想政治教育原理性质的论述。在对《怎么办？》蕴含的思想政治教育理论的阐释中，有学者② 指出，列宁思想政治教育理论的"本质"归于思想理论的灌输，"任务"在于理论上的坚定斗争，"队伍"建设要培养专业的宣传人员，"载体"为党领导创办的报刊。还有学者③ 认为，列宁进行的思想政治教育，理论依据是革命理论对于革命运动的重要性，教育内容是革命精神教育，实践要求是外部灌输，重大意义是加强社会主义思想体系。在对《青年团的任务》蕴含的思想政治教育理论的解读中，有学者④ 从目标、原则、内容和途径等四个方面进行了研究，指出列宁一是提出了培养建设共产主义社会的时代新人的思想政治教育具体目标；二是阐明了开展系统的共产主义理论学习、科学技术知识学习和共产主义道德教育等思想政治教育主要内容；三是指明了要坚持学校教育与实践教育相结合、理论教育与劳动锻炼相结合、榜样引领与纪律教育相结合的思

① 孙洲.理论与实践：十月革命后列宁的思想政治教育体系探赜 [J].理论月刊，2021（2）：27-36.

② 张智.列宁《怎么办？》的思想政治教育意蕴 [J].马克思主义理论学科研究，2018，4（1）：134-147.

③ 宋劲松.列宁的思想政治教育党性原则及其现实启示——重读《怎么办？》一书 [J].湘潭大学学报（哲学社会科学版），2018，42（6）：93-94+121.

④ 李东坡.列宁《青年团的任务》中的思想政治教育意蕴 [J].马克思主义理论学科研究，2021，7（10）：96-103.

想政治教育重要途径；四是创新了历史分析与阶级分析相统一、宏大叙事与微观叙事相配合、理论灌输与实践教育相结合的思想政治教育方式方法。与此同时，还提出了青年都应该学习社会主义理论、要用人类全部知识来丰富头脑、道德服从于无产阶级阶级斗争、教育要与沸腾的实际生活相结合等思想政治教育重要论断。

（2）列宁思想政治教育灌输理论。学者们一致认为，灌输理论是列宁思想政治教育理论的本质和核心。有学者指出，一方面，从文本出发，灌输理论的精神实质是"实现革命理论与群众实践相结合"[①]，是教育原则的不变性和教育方法的可变性的统一体。另一方面，立足比较视野，指出马克思主义灌输理论与当代西方灌输批判理论的差异在于，在内容上是"科学理论与道德教条"的区别，在方法上是"启发引导与强迫接受"的区别，在意图上是"阶级自觉与盲目服从"的区别，在结果上是"精神自主与心灵封闭"的区别[②]，体现着两种话语体系的根本不同之处，需要进行严格区分和概念澄清。有学者[③]指出，列宁灌输理论是系统完整的科学体系，具体逻辑为科学社会主义理论既是工人本身缺乏的，又是无产阶级革命急需的，它们之间的矛盾使得这一理论成为灌输的必然内容，需要党和知识分子用通俗语言，从外部灌输给负有解放全人类使命的"无产阶级"。有学者专门研究了列宁提出灌输理论的论证逻辑，

①孙来斌.列宁的灌输理论及其当代价值［M］.北京：社会科学文献出版社，2017：90.

②孙来斌.列宁的灌输理论及其当代价值［M］.北京：社会科学文献出版社，2017：176-195.

③周耀宏.列宁灌输理论在当前思想政治教育中的运用与创新［J］.延边大学学报（社会科学版），2008（1）：16-20.

以"阶级观点和阶级分析方法"[①]为核心依据，说明了无产阶级需要抵御资产阶级思想入侵的现实必要性，但是构建无产阶级思想体系受到自身理论研究困境与资产阶级意识形态压迫的双重阻力，无法依靠自身现存条件来产生和获得，必须要靠外部灌输来掌握科学理论。有学者重点从列宁灌输理论的思想转变角度出发，论证了列宁从"相信理论本身的魅力和工人阶级理论自觉"[②]的简单说明到逐步构建系统化的灌输理论学说的发展过程，认为这是列宁紧密结合俄国无产阶级运动实际、深谙无产阶级思想政治教育规律的结果。在列宁的系统阐发中，他立足俄国工人阶级思想意识的现实水平，理顺了科学理论与工人阶级的内在关系，强调在资产阶级意识形态和社会主义意识形态对立斗争的情况下，必须重视通过外部灌输实现工人与理论的结合。有学者还从多学科的理论视角，为列宁灌输理论的价值进行正名，这当中有当代政治学的政治社会化理论视角，指出青年的政治社会化必定需要马克思主义的理论灌输；有发展经济学的后发优势理论视角，通过理论灌输凝聚民族精神和引领意识形态，将为促进国家经济发展提供内生力量；有教育学的教育发生理论视角，认为人们获得知识离不开最初的灌输教育机理；有西方马克思主义的阶级意识理论视角，这一理论为借助灌输唤醒无产阶级的阶级意识提供了新支撑。多重理论视角更加证实了列宁灌输理论具有重要价值，在当代条件下能够起到"指导理论传播、促进价

① 高永.思想政治教育的阶级性及其对本质问题的释疑——列宁提出"灌输论"的逻辑主线[J].思想理论教育导刊，2020（8）：113-117.

② 赵冶.从"简单说明"到系统"灌输"：列宁"灌输论"形成分析[J].马克思主义理论学科研究，2022，8（1）：114-120.

值观整合、塑造共同理想"[1] 等重要作用。有学者专门研究了"列宁'灌输论'与意识形态话语权之间的内在联系"[2]，指出列宁灌输理论对于加强马克思主义意识形态话语权的重要作用。这种作用的依据来源于二者的契合性，一是二者所面对的时代背景都具有复杂性，意识形态斗争较为激烈；二是列宁灌输理论的灌输对象同意识形态话语权的受众具有相似性，呈现出广泛性和"自发性"的特点；三是二者都对主体的先进性提出了明确要求，需要具备较高的理论水平和精神品质；四是二者的理论主题都与时俱进，在革命与建设过程中展现出时代性；五是二者都对途径的多样化提出了诉求，以增强最终效果的实效性。有学者主要从列宁向工人阶级灌输社会主义意识和革命理论的重要性、必要性和可能性等三个方面概括了列宁灌输理论的主要内容。第一个方面是灌输的重要性，列宁从革命理论与革命实践的关系、革命理论与阶级斗争的关系、革命理论与无产阶级政党的关系、革命理论与借鉴别国经验、俄国理论工作及其在当时的迫切任务等维度进行了论证。第二个方面是灌输的必要性，列宁认为社会主义意识不能从自发的工人运动中产生，革命理论的源起发展要求进行面向工人的社会主义意识灌输，从与资产阶级意识形态进行斗争的角度，也必定要经过灌输来坚定工人阶级的社会主义意识，灌输同样有利于工人运动与社会主义的结合。第三个方面是灌输的可能性，这是由于"社会主义意识自身的要求灌

① 孙来斌.列宁灌输理论的当代价值澄明［J］.思想理论教育，2020（3）：27-33.
② 李晓燕.列宁"灌输论"视角下马克思主义意识形态话语权建设探析［J］.马克思主义研究，2017（8）：79-88.

输到工人阶级中去"和"工人阶级自发地倾向社会主义"①的理论自身和工人自身的双向目的要求。还有学者对列宁灌输理论的多重逻辑进行了研究，主要体现在这一理论的历史逻辑、理论逻辑、实践或现实逻辑。在历史逻辑上，揭示了列宁灌输理论源自马克思和恩格斯的理论奠基、考茨基的相关启示、普列汉诺夫的思想影响。在理论逻辑上，构建出这一理论的科学体系，指出社会主义意识只能从外面灌输是灌输的原因，科学社会主义理论是灌输的内容，社会民主党人深入一切阶级、各个方面是灌输的路径。有学者认为，列宁灌输理论的科学内涵在于它的理论框架、实践基础和理论特质，理论框架包含"为什么要灌输、怎样灌输、对谁灌输、谁来灌输以及灌输的意义"②等内容；实践基础是它反映了无产阶级革命事业的要求，可以起到唤醒无产阶级的革命意识，进而争取无产阶级专政的重要作用；理论特质在于其与马克思主义理论相一致的科学性与革命性。在实践或现实逻辑上，有学者将之解释为列宁开展理论灌输的具体形式，是"文字灌输和语言灌输的相互配合"③。文字灌输形式有传单、小册子、文章等形式，语言灌输形式有演说、开会、讲课等形式。

3.关于列宁青年教育理论的研究

（1）列宁青年理论的构成要素。有学者④认为这一理论体系以"青年"为中心，提出了青年地位、青年教育、青年组织、青年任

① 侯波，张喜德.列宁灌输理论新探［J］.科学社会主义，2019（2）：120-126.

② 袁银传，范海燕.列宁灌输论的三重逻辑［J］.理论视野，2020（4）：34-40.

③ 韦洪发，刘阳阳.列宁《怎么办？》中灌输论的三重逻辑［J］.理论月刊，2022（5）：12-18.

④ 朱玉超.论列宁青年观的四个基本维度［J］.理论月刊，2011（3）：28-30.

务四个维度，分析了列宁从青年自身特点和党的发展高度来重视青年、依靠青年的青年地位；青年教育的内容集中于世界观和人生观，主体在党和青年团；在青年组织上既希望青年建立自己的组织，特别是青年团组织并积极发挥作用，又建议党要帮助青年组织起来；青年的主要任务是学习，同时明确了学什么和怎样学等具体问题。有学者指出，列宁青年观的主要内容包括"青年主体观、青年人才观、青年学习观和青年组织观"[①]四个相互联系的组成部分。具体来说，列宁的青年主体观，表现在将青年视为俄国革命和建设的生力军，是革命运动的宣传队和先锋力量，是社会主义事业的接班人；列宁的青年人才观，提倡要发现、爱护、提拔人才，既要信任青年，善于在青年中发现人才，又必须像爱护眼珠一样地爱护人才，不遗余力地培养青年并包容他们的错误，给人才成长的机会和空间，大胆提拔人才；列宁的青年学习观，是将学习作为青年成长成才的基本任务，学习内容涵盖关于共产主义知识的理论学习、关于综合技术教育与电气化知识的技能学习，最终要将学习与生活实践相联系，做到学以致用；列宁的青年组织观，落在建设党的后备军，在党的领导下建立青年组织，发挥共产主义青年团的作用，提醒青年时刻提防"假朋友"的影响。有学者[②]立足人学视角探寻列宁对青年的价值观培育问题，一是在目标上要促进人的全面发展，将共产主义知识和共产主义道德结合起来，实现青年培养的德与智的统一；二

---

① 胡海洋.列宁青年观的主要内容及当代启示［J］.思想教育研究，2023（5）：63-68.

② 仇文利，吴远.《青年团的任务》人学意蕴及其对价值观培育的启示［J］.河海大学学报（哲学社会科学版），2016，18（4）：11-16+89.

是在本质上确立人的社会实践性，继续将学校灌输教育与社会生产实践相结合，学校教育的他人导引和社会教育的自我导引，是人的社会性与实践性的呈现；三是在本体上满足人的价值追求，使青年成为共产主义者并建设共产主义社会，这种价值实现让青年的自我价值和社会价值获得一致。有学者①对列宁在俄国无产阶级革命和社会主义建设两大时期展现出来的党的青年工作观作出了分析探讨。在俄国无产阶级革命时期，做好党的青年工作的战略意义在于，它关乎无产阶级革命的前途和马克思主义政党的长远发展；做好党的青年工作的目标定位在于，中心任务是培养青年的马克思主义革命世界观，工作主线是培养有才能且能够充当无产阶级革命的青年生力军；做好党的青年工作的推进路径在于，要信任并组织青年，正确引导青年，善于对待青年的自身特点和所犯错误，注重青年的实践历练。在俄国社会主义建设时期，同样围绕这三个主要问题，列宁有了更为深入的认识，认为做好党的青年工作的战略意义，在于能够有效保障巩固和发展社会主义，培育共产主义新社会的青年后备军；做好党的青年工作的目标定位在于，要以培育捍卫社会主义政权的"潜力军"为基本使命，以培育建设社会主义和共产主义"接班人"为最终使命；做好党的青年工作的推进路径在于，要积极推动共产主义实践教育，强化共产主义道德教育，着力发展共产主义文化教育，深化共产党领导的政治教育。

---

① 贺敬垒.列宁对马克思主义政党青年工作观的探索及其当代价值［J］.中共福建省委党校（福建行政学院）学报，2021（4）：30-37.

（2）青年教育的原因或目的。有学者[1]指出，在为何要教育青年方面，列宁是基于共产主义的前途命运、党的未来、革命建设的后备军和生力军等角度的统筹考虑；在教育什么样青年方面，列宁是要培养具备完整且彻底革命世界观的青年，还要培养青年成为无产阶级革命者和建设者。还有学者[2]指出，列宁培养青年的最终目标是使他们具备"共产主义"素质，可以分解为有学识头脑、有理想信念、有道德修养等三个方面。

（3）青年教育的主体。有学者[3]提出，列宁注重无产阶级政党在组织和推动青年当中的作用，以调动青年的主动性和首创精神。同时，介绍了列宁积极让青年参与党内工作和活动的具体做法，以及列宁经常告诫党组织和党内同志要深入联系青年、善于帮助对待青年。有学者认为，列宁对于"共青团的政治定位"[4]，就是让其在党的领导下帮助整合青年力量。共青团的基本任务主要表现为，教育全体青年在共产主义道德、科学文化知识、共产主义使命等方面得到改造，还应将自身工作与实际生活结合起来。

（4）青年教育的内容。学者们对列宁关于青年教育的具体内容的研究和总结，大致分为世界观教育、共产主义道德教育、知识教

① 贺敬垒. 列宁的青年教育思想及其当代价值 [J]. 思想教育研究, 2019（7）: 51-56.

② 龙献忠, 唐征勋. 列宁的青年德育思想 "五论" 及其当代昭示 [J]. 湖南大学学报（社会科学版）, 2018, 32（4）: 18-22.

③ 杨绍琼. 列宁的青年德育观及其对当前高校立德树人的启示 [J]. 思想理论教育导刊, 2016（5）: 42-46.

④ 卢刚. 略论列宁对共青团建设的思想贡献与实践指引 [J]. 中国青年社会科学, 2020, 39（4）: 66-73.

育、劳动教育等方面。有学者[①]提到列宁对于青年的世界观教育，强调这种世界观应是明确、完整、彻底、政治、革命的社会主义世界观，会有利于青年共产主义道德的养成。有学者指出，列宁共产主义道德教育理论是系统科学的理论学说，教育内容一定要"宣扬共产主义道德的原则规范"[②]，强调集体主义的崇高价值。有学者认为，列宁共产主义道德思想的逻辑起点是"以共产主义教育培育青年"[③]，核心是培养团结一致的自觉的劳动者，最终目标是建成共产主义社会。有学者[④]认为，列宁青年教育理论的主题之一，就是加强对青年的共产主义知识教育，帮助青年认清共产主义知识究竟是什么、如何学习、怎样准备等实际问题。还有学者[⑤]认为，劳动教育也是列宁进行青年教育的重要内容，提出教育与生产劳动相结合是列宁对劳动教育的本质界定，会有助于青年更好掌握共产主义道德、共产主义知识。有学者[⑥]进一步从三个方面归纳了列宁有关培养青年的具体要求，分别为共产主义信仰与建设的统一、共产主义知识与道德的统一、青年参与公共事务与示范带动的统一。

[①] 杨绍琼 . 列宁的青年德育观及其对当前高校立德树人的启示 [J] . 思想理论教育导刊，2016（5）：42-46.

[②] 苏玲 . 列宁共产主义道德教育的理论及当代价值 [J] . 湖南科技大学学报（社会科学版），2011，14（3）：40-43.

[③] 高旭 . 论《青年团的任务》中共产主义道德思想的深刻意蕴及其现实启示 [J] . 学校党建与思想教育，2022（18）：36-38.

[④] 朱志萍 . 论《青年团的任务》中列宁的青年教育思想 [J] . 思想教育研究，2013（3）：30-33.

[⑤] 石路，明芳 . 列宁青年劳动教育思想及其新时代启示——纪念列宁诞辰 150 周年暨《青年团的任务》发表 100 周年 [J] . 中国青年社会科学，2020，39（4）：74-80.

[⑥] 王万奇，赵付科 .《青年团的任务》对时代新人培育的当代价值——写在列宁诞辰 150 周年之际 [J] . 中国青年社会科学，2020，39（3）：22-28.

（5）青年教育的环境。有学者[1]认为，列宁进行青年教育的环境包括经济环境、政治环境、文化环境等三部分，继承了马克思和恩格斯关于社会环境的论述。其中，经济环境起决定性作用，制约着青年思想道德素质的高低与否；政治环境起导向性作用，这里既指夺取政权的斗争生活环境对青年思想政治方向的影响，又指战争等特殊残酷环境对青年思想政治道德的考验；文化环境起涵润性作用，良好的学习环境、理论环境、舆论环境等文化环境，有助于青年树立正确的思想观点和健康成长。

（6）青年教育的方法。有学者指出，列宁培养青年"新人"的重要着力点，就是开展"共产主义实践教育"[2]。这也是学界对于列宁青年教育方法的共识性观点。同时，还构建起列宁关于社会主义新人培育的三维方略。第一维是实践起点，既要加强马克思主义理论教育，使青年能够做到充分认识和正确对待马克思主义，又要加强共产主义理想信念教育，使青年懂得共产主义的实现是历史过程的曲折性和历史目标的必然性的有机统一。第二维是路径依托，一方面要强化共产主义宣传教育，找准宣传主题、切中群众差异性、坚持正确的宣传方向、植根群众利益；另一方面要强化共产主义道德教育，勇于同资产阶级旧道德作斗争，加强集体主义教育，培养群众的主人翁意识，发挥榜样功能。第三维是行动支点，不但要推进共产主义文化教育，因为文盲现象是摆在通往共产主义社会道路上的阻碍，党员群众思想觉悟的提升也是共产主义教育的实质要求，

---

① 龙献忠，唐征勋.列宁的青年德育思想"五论"及其当代昭示[J].湖南大学学报（社会科学版），2018，32（4）：18-22.
② 贺敬垒.列宁的社会主义新人培育方略论析[J].思想教育研究，2021（1）：54-59.

国家电气化计划的实施同样需要人民群众掌握科学技术知识，而且要推进共产主义实践教育，注重发挥实践的育人功能，塑造群众务实工作品格，倡导共产主义劳动实践。有学者①认为，列宁培养青年的维度之一，就是联系现实实践进行共产主义学习，主要涵盖阶级斗争实践、生产性质实践、社会公益实践等多方面，以期可以起到检验理论、践行理论的关键作用。还有学者认为，"学习和道德养成"②是列宁加强青年理想信念教育的两大方法。同时，共产主义知识和现代科学技术的学习、良好共产主义品德的树立，也都无法离开社会生活实践的环节。

（二）国外研究综述

在具体讨论外文文献当中有关本研究的理论成果之前，必须要对国外特别是西方社会中以"列宁"为中心的整体研究情况进行简要介绍。由于社会制度的不同和主流意识形态的差异，西方研究者几乎都以其惯有的偏见态度、错误立场来开展对于列宁和列宁主义的研究，研究过程中缺乏真正科学、客观和中肯的观念，难以触及列宁主义的理论本质，分析后所得出的结论也未必完全正确。可以说，绝大多数西方研究者的最终目的是歪曲和丑化列宁本人的形象，污蔑和攻击列宁主义理论，进而否定马克思主义基本原理和无产阶级政党、国家和人民所选择的社会主义道路。我国有学者将此概括

---

① 李正赤，何洪兵，毛嘉琪. 列宁青年教育思想及其新时代启示［J］. 社会科学研究，2019（3）：110-114.

② 刘树宏. 试论列宁的青年共产主义理想信念教育思想——读《共青团的任务》有感［J］. 思想教育研究，2011（12）：15-18.

为"西方'列宁学'"①思潮,还有学者研究其当代转向,总结为"否定性、肯定性、批判的人道学派"②等三大列宁主义观的理论思潮。与此相对,有学者论证提出"东方列宁学"③这一新概念,主要阐释了站立于东方社会的广阔视野和社会主义事业发展的高度上去认识、理解和研究列宁主义。

笔者对与本研究相关的外文文献进行检索后发现,学者们研究成果的发表时段大多集中于20世纪中后期,以苏联时期的研究为主,新世纪以来的外文研究成果较少,且基本是西方学者的研究。有学者着重说明了列宁为推动俄国文化④和公共教育事业⑤快速发展所作出的卓越贡献和发挥的重要作用,还有学者⑥将列宁在俄国科学、文化和教育领域开展工作的材料进行汇编,并分为列宁与国民教育、高等教育、科学等专题,充分展示出他为苏联科教事业的未来发展所奠定的坚实基础。有学者聚焦列宁在发展科学教育理论⑦和共产主义社会教养⑧方面的群众立场、实践风格、斗争意义,认为他提

---

① 叶卫平.西方"列宁学"研究[M].北京:中国人民大学出版社,1991:3-6.
② 张传平.当代西方"列宁学"研究的三大理论走向及其批判[J].南京社会科学,2016(11):39-46.
③ 俞良早.创论"东方列宁学"[M].南京:南京师范大学出版社,2004:412-414.
④V. Protsenko. Lenin's Decrees on Public Education [J]. Soviet Education, 1961, 3(3):52-64.
⑤F. F. Korolev. Lenin and public education [J]. Prospects, 1970, 1(2):45-50.
⑥A. F. Lapko, L. A. Lyusternik. Lenin, science and education [J]. Russian Mathematical Surveys, 1970, 25(2):13-76.
⑦A. E. Izmailov. V. I. Lenin's Concern for the Development of Culture and Education in the Republics of the Soviet East [J]. Soviet Education, 1981, 23(4):53-62.
⑧E. I. Monoszon. V. I. Lenin and Methods of Communist Education [J]. Soviet Education, 1981, 23(4):35-52.

出的共产主义教育原则、培养全面发展个人的基本目标、教育的本质和任务等教育理论，与社会主义建设任务和党的政策相适应，具有深远影响。同时，有学者①专门就列宁职业技术教育理论进行了研究，认为列宁从职业培训入手，向劳动人民普及知识技能，创建职业技术培训体系，提高人民劳动生产率，进而实现工农革命最终获得胜利的理论的正确性。有学者②指出，列宁基于社会主义社会在经济、政治、文化等方面对于法律的客观需要，积极建立社会主义法律体系，认为列宁的论述对于当时苏联青年的法律教育教学和个人社会化有着特别重要的意义。此外，还有部分学者从不同侧面论及列宁有关教育、道德的理论问题，他们注重对于文本的分析，在文中也不得不承认列宁对于国家教育政策制定的关注度和实践指导力，从宏观到微观层面形成了具有连贯性和一致性的理论行动体系，但出于不同研究目的和立场，其所得出的结论笔者难以认同。

对于列宁主义研究的外文著作主要集中在 20 世纪，这从我国翻译出版相关著作的数量中可以反映出来，基本划分为两类。一类是苏联研究者对列宁关于教育、共青团工作论述的整理与汇编；另一类则为列宁个人的生平传记，其中娜·康·克鲁普斯卡娅对列宁的了解最为真切，她生前所写文章、所作报告被后人汇总出版，分别为《论列宁》和《列宁回忆录》。另外，《列宁年谱》以及由列宁的亲属、战友、学生，熟悉列宁的老布尔什维克党员、工人、农民、

---

①N. I. Dumchenko. Realization of Lenin's Ideas on Vocational and Technical Education [J]. Soviet Education, 1981, 23（4）: 74-81.

②N. Ia. Sokolov. V. I. Lenin and the Teaching of State Law to Youth [J]. Soviet Education, 1981, 23（4）: 82-95.

同时代外国人等群体，共同撰写文章组合而成的《回忆列宁》（5
卷本），都对于列宁主义的研究具有极为重要的参考价值。

综合国内外的研究现状，学界对于与本论题相联系的各方面研
究取得了众多学术成果，都从各自的学科视角作出了理论阐释，绝
大多数对丰富和促进列宁青年教育理论的研究贡献了正向力量，但
难免存在一些研究欠缺或亟待深入思考之处。笔者认为，主要体现
在以下三个方面：一是研究成果过于集中对列宁《怎么办？》《青
年团的任务》等经典文献的理论挖掘，难以对列宁青年理论、列宁
教育理论的完整性和全面性进行充分展现，整体性的研究成果极少；
二是在列宁教育理论的研究成果上，大多仅对列宁教育理论的某一
侧面进行研究，同时对列宁关于教育环境和教育方法的文本解析力
度不够，发表在国家核心期刊上的高质量研究成果较少；三是在列
宁青年教育理论的研究上，这是基于列宁青年理论和列宁教育理论
的交叉融合，很少有学者能够直接触及此方面研究并做较为系统的
解读，针对该题的博硕学位论文和理论研究著作极为鲜见。以上的
研究不足或欠缺，给本研究提供了一定的空间和可能性，也是笔者
所要努力尝试的方向，以期可以对列宁青年教育理论作出更为进一
步的完善和拓展研究。

三、研究思路与方法

（一）研究思路

本研究首先从列宁青年教育理论形成的国际、国内、现实等三

方面社会背景入手，进而探究其形成的理论依据和历史过程。其次，从教育目的、教育主体、教育内容、教育环境等四重维度研究列宁关于青年教育的核心要旨，以解决为何教育青年、谁来教育青年、教给青年什么等一系列关键问题。再次，专门探讨列宁关于青年教育的基本方法，明确列宁将青年教育与党的全面领导、社会生活实践、无产阶级斗争相结合，来极力增强教育成效，帮助青年健康成长。再次，将列宁关于青年教育的特色创造进行亮点提炼，主要体现在列宁领导社会主义国家建设事业中首次提出的共产主义道德概念、首次开发的星期六义务劳动载体、首次擘画的青年教育行动方略。最后，对列宁青年教育理论的历史贡献、历史局限和当代价值进行分析，同时将其对思想政治教育的启示加以总结归纳，阐明这一理论对于当代青年思想政治教育主体、内容、方法、环境等四个层面起到的指导意义。

具体而言，本研究主要着力探讨以下五个问题：

第一，列宁青年教育理论的形成溯源。该部分论证了列宁在深刻洞察分析俄国在帝国主义阶段和不同社会制度下的国际和国内背景，党的革命和建设事业需要青年的现实背景，牢固坚守并继承发展马克思和恩格斯的辩证唯物主义理论、青年理论和教育理论，历经产生、形成和发展三个历史过程，得以形成最终的列宁青年教育理论。

第二，列宁关于青年教育的核心要旨。该部分归纳总结了列宁关于青年教育的目的、主体、内容、环境的诸多论述，建构起列宁青年教育理论大厦的四梁八柱，阐明其理论框架之中最为核心的主张。青年教育的目的在于既要促进无产阶级青年个人的全面发展，又要符合社会主义和共产主义社会的要求；青年教育的主体为共产主义青年团、教育工作者、教育部门；青年教育的内容集中体现在共产主义道德教育、人类积累的知识教育、综合技术教育等方面；青年教育的环境范围有学校、军队、社会等三重教育环境，要使之朝着有益于无产阶级教育的方向转化。

第三，列宁关于青年教育的基本方法。该部分探讨了列宁在培养青年问题上提出的具有原则性、一般性的基本教育方法，分别为在党的全面领导下进行青年教育、将青年教育寓于社会生活实践中、将青年教育置于无产阶级斗争中。一是坚持党的全面领导，这反映在加强党对青年的信任和联系，耐心对待和批评青年的错误，与帮助青年党员成长；二是在劳动实践、生活实践和工作实践等实践领域进行青年教育；三是让青年在无产阶级斗争的环境中受到锻炼、夺取斗争胜利并成为自觉的共产主义新人。

第四，列宁关于青年教育的特色创造。该部分概括了列宁在领导世界上第一个社会主义国家青年教育事业的进程中，创造出的极具特色的三个"首次"。第一个首次是提出"共产主义道德"引领青年教育的标志性全新概念，要求青年共产主义道德教育应明确代表无产阶级利益的立场，坚守融入社会生活实践的原则，倡导理论与现实相统一的策略。第二个首次是开发青年"共产主义星期六义务劳动"教育的创新载体，通过这一社会主义劳动新形式以铸牢青年的劳动精神、锻造青年的首创精神、培育青年的斗争精神。第三个首次是擘画共产党领导社会主义国家青年教育的崭新行动方略，体现为以党的事业整体规划部署为根本保障、以借鉴他国青年培养经验为丰富资源、以投身本国的革命与建设为有效路径。

第五，列宁青年教育理论的价值启示。该部分分析了这一理论在列宁时代产生的重要历史价值，作出的卓越历史贡献，以及相应的历史局限。在此基础之上，进一步对其开展现代意义上的转化与发展，焕发其在当代社会主义中国的内生价值。同时，挖掘这一理论对新时代青年思想政治教育的四维启示，体现在应汇聚青年思想政治教育主体的强大合力、丰富青年思想政治教育内容的时代内涵、凸显青年思想政治教育方法的实践指向、优化青年思想政治教育环境的协同效果。

（二）研究方法

1.文献综合研究法

文献是开展理论研究最为有力的材料和工具。本研究参考了马克思主义经典文献、著作文献、学位论文文献、期刊论文文献、报纸文献、外文文献等大量文献资源，贯穿于文献搜集、文献阅读、文献使用的全过程，对拓宽研究的深度和广度起到了极为重要的支撑作用。同时，笔者借助"中国知网"数据库的文献计量可视化分析功能和"知网研学平台"文献管理软件，尽可能达到对众多文献的直观准确掌握和科学有效运用。

2.跨学科研究法

通过文献调研，笔者了解到学者们大多从马克思主义理论的学科视角去研究列宁青年教育理论，这是基于研究对象的学科归属和切入点所作出的正确判断和选择，但也在一定程度上限制了理论思维的延展和发散。本研究则基于思想政治教育学科，同时借鉴与具体研究内容紧密相关的青年学、教育学、哲学等学科的基础理论，引入学科交叉的研究理念，增加研究厚度，确保研究成果既不失本真意味，又更加丰富立体。

3.历史逻辑分析法

伟大人物的思想理论是在历史时间流转和历史发展变革中的沉淀、总结和升华，研究它不仅需要理论逻辑，还需要历史逻辑。列宁青年教育理论是历史的产物，不仅包含列宁对当时资本主义制度下俄国青年悲惨遭遇的同情愤慨、对沙皇时期青年革命斗争运动的指导支持，还迸发出在社会主义制度下培养青年的卓越智慧。本研究深入了解列宁身处的历史环境、经历的历史事件、产生的历史影响，以达到对其理论进行较为全面的历史考察和较为细致的历史分析。

四、研究创新及不足

（一）研究创新

1.认为综合技术教育对新时代青年劳动教育具有指导意义

列宁提出在学校中办好"综合技术教育"，是秉承马克思主义的教育与生产劳动相结合思想的一项重大之举。"综合技术教育"强调育人过程中综合性、知识性、技能性的高度统一，这既不是单纯的书本知识教学，又不是片面的专业技能培训，而是基于国家建设发展需要，开展集理论学习和劳动实践于一体的通识性教育。"综合技术教育"蕴含的教育理念，对于当代青年劳动教育具有极强的指导意义，特别是对怎样切实扭转青年劳动教育现存的淡化、弱化现象，以及如何提升青年基本的劳动素养、劳动能力和劳动习惯，培育青年的劳动精神等方面具有重要的借鉴作用。

2. 提出无产阶级斗争是列宁进行青年教育的基本方法之一

列宁将青年教育与无产阶级斗争相结合，是一种独创的教育方法，应被提升到与社会实践等教育方法同等重要的地位。列宁时代的斗争从阶级斗争的现实任务出发，同资产阶级展开了激烈的理论斗争、军事斗争、派别斗争等多种斗争，注重在残酷的现实斗争中警醒青年、争取青年、教育青年。虽然阶级斗争已不是我国当前的主要矛盾，但列宁教育青年要富有斗争精神和斗争本领的核心主张仍具有极高的现实价值。新时代要理解和运用好列宁在斗争中培养、教育、引导青年的党性、人民性和社会主义原则，引导青年在为实现中华民族伟大复兴的伟大梦想中贡献拼搏力量。

3. 概括列宁实施青年教育整体进程中呈现的三大精髓特色

作为世界上第一个社会主义国家的青年教育事业，一定具有浓厚的俄国味道和鲜明的社会主义特征，列宁将二者有机结合，激发出了苏维埃俄国社会主义青年教育的突出亮点。本文从理论、实践、方略等三个维度进行了归纳概括，分别为创造共产主义道德的标志性概念、开发星期六义务劳动的创新载体、擘画党领导青年教育的行动方略。这三个维度既是对列宁关于青年教育的核心要旨与基本方法的凝练升华，又是对列宁青年教育理论作出的整体勾勒，通过关键节点的定位，显现出这一科学思想理论的大致轮廓，抓住其中的精髓要义。

（二）研究不足

由于本研究需要运用到多学科的理论知识，笔者对于青年学、教育学、哲学等学科的基本原理还有待进行更为深入的探究和掌握。同时，列宁关于青年教育的核心要旨、基本方法、特色创造的思想观点是本研究的理论重点和难点，笔者在具体论证过程中的学理性阐释还需要进一步加强。

第二章
列宁青年教育理论的形成溯源

探究列宁青年教育理论的内部结构，最为首要的则是对这一理论的形成源流进行考察。列宁在对俄国国内外的历史发展形势进行细致把握和准确判断的基础上，牢固坚守并继承发展马克思和恩格斯的相关理论，对青年和青年工作问题投入极大关注，对青年教育事业展现了自觉的理论担当和卓越的实践勇气。通过了解这一理论为何发生、缘起何处、如何形成，有利于更好掌握该理论脉络的逻辑起点并获得下一步研究线索。

一、列宁青年教育理论形成的社会背景

列宁作为伟大的革命领袖人物，他出生于俄国、成长在俄国、事业献俄国，但他的很大一部分人生历程却是在其他国家度过。在这一过程中，列宁不仅亲自领导和推动了俄国无产阶级政党的社会主义事业不断向前发展，还指导并参与了他国无产阶级与资产阶级之间的革命斗争历程。可见，主要由列宁创立的包括列宁青年教育理论在内的诸多丰富思想理论，一定离不开他对国际和国内发展形势的深刻洞察，同时也紧密关联着俄国布尔什维克政党建设的现实状况。

（一）资本主义发展到帝国主义阶段的国际背景

19 世纪末期到 20 世纪初期，是列宁开展青年革命教育的主要时间段。这一期间，第二次工业革命的进行，使得以电力为标志的科学技术取得了重大进步，促进了生产力的快速发展。但是，资本主义混乱无序的自由竞争态势也因此而加剧，造成了生产和资本的高度集中，极少数资本家占有绝大多数的生产资料，企图获得巨额利润，形成了垄断局面并产生了垄断组织，资本主义也由此进入到特殊的、最高的、最后的帝国主义阶段。帝国主义的实质就是垄断，垄断也成为帝国主义的根本经济特征。在列宁看来，帝国主义是寄生的、腐朽的、过渡的、垂死的资本主义。个别垄断大企业主为维护个人私利，阻碍先进技术的进步和应用，并靠无情压榨工人的辛苦劳动，坐享其成。当发生在国内经济领域的垄断已无法满足资本家的贪欲之时，他们就伙同本国政府，并与其他帝国主义国家结成同盟，将掠夺行径从经济领域扩展至政治、军事、对外等其他领域，开拓所谓国际市场。他们疯狂对外进行资本输出，同时进行殖民侵略扩张，通过瓜分世界占据自身新的地盘，造成许多落后国家沦为殖民地或半殖民地。

但是，"帝国主义是无产阶级社会革命的前夜"①。一方面，帝国主义国家的工人阶级长期忍受着资产阶级的剥削和压迫，开始有意识地自发为改善本群体的工作环境和条件而不懈抗争，殖民地、

---

① 列宁 . 帝国主义是资本主义的最高阶段（通俗的论述）［M］//列宁全集：第 27 卷 .2 版（增订版）. 北京：人民出版社，2017：330.

半殖民地的劳动人民也深受帝国主义者的残忍迫害，高度渴望获得解放。另一方面，资本主义社会的基本矛盾，致使帝国主义国家时常爆发周期性的经济危机，因垄断造成的帝国主义国家间经济实力的对比也在不断发生着变化，逐渐呈现出失衡的态势。当既有的政治利益无法匹配其上升的经济地位时，致使帝国主义国家之间的矛盾危机不断加深，这也成为第一次世界大战爆发的诱因之一，并为处在这一锁链最薄弱环节的俄国提供了取得无产阶级革命胜利的有利条件。

（二）俄国不同社会制度下问题交织的国内背景

俄国在 19 世纪 60 年代虽然进行了农奴制改革，但直到 20 世纪初期仍有大量封建残余存留在城市特别是农村当中，加之当时国内资本主义经济的快速发展，两种不同性质的经济关系掺杂在一起，从根源上使俄国面临着极其复杂的状况。如同世界上其他资本主义国家的发展阶段一样，俄国也进入到帝国主义阶段，生产和资本的逐渐集中，使其工厂的规模、工人的数量、控制的资源在不断地扩大和增加，成为垄断资本主义世界经济体系的一员。但受封建程度等因素的影响，俄国当时经济社会发展的成熟度仍与主要帝国主义国家有着较大差距。尚未被推翻的沙皇专制制度更是束缚着俄国在政治层面的进步与发展，社会上存在着沉重且尖锐的阶级矛盾、民族矛盾、国际矛盾，工人和农民忍受着多重压迫，盼望着借助资产阶级民主革命来最终实现无产阶级革命的伟大胜利。

十月革命胜利后，俄国并未如预期一样获得和平的国家建设环境，依旧面临着十分严峻的形势，帝国主义国家和国内反动势力妄图将新生的苏维埃政权扼杀在摇篮之中，苏维埃俄国不得不被拖入长达三年之久的战争。面对外有干涉、内有叛乱的紧张局势，列宁沉着冷静、直面挑战，在特殊时期采取战时共产主义政策，迅速集结一切人力、物力和财力，以最大决心和顽强斗争保卫无产阶级政权。但在击退外国武装干涉并取得国内战争胜利后，国内工业发展长期遭到破坏，农民的生产积极性也受到挫伤。这些使列宁清楚地认识到，俄国还不具备直接跨越到共产主义社会的条件，并及时对国家政策作出了调整，实行新经济政策，确保社会主义政权能够继续沿着正确的轨道向前迈进。

（三）党的革命和建设事业需要青年的现实背景

1898 年 3 月，俄国社会民主工党宣告成立。党建立之后，就时刻将目光投向青年，将青年视为党的有生力量。列宁从一开始就通过关注青年学生来研究青年问题，表明了对青年学生的欢迎态度，想方设法使他们"组织起来"①的心愿成真。党"需要年轻力量"②，列宁之所以作出这样的判断，是因为他揭穿了自由主义民粹派分子为贫苦青年制定的教育计划的反动性，看到了进步青年学生受到残暴的沙皇政府施加给他们的侮辱和指责等悲惨遭遇。与之相对，列宁见证到先进青年学生自愿将所学知识传授给广大工人，工人们也支持大学生为争取自由权利而与专制制度作斗争，并期待与青年学

---

① 列宁 . 为俄国社会民主工党第二次代表大会准备的决议草案：关于对青年学生的态度的决议草案 [M]// 列宁全集：第 7 卷 . 2 版（增订版）. 北京：人民出版社，2013：235.

② 列宁 . 致亚·亚·波格丹诺夫和谢·伊·古谢夫 [M]// 列宁全集：第 9 卷 . 2 版（增订版）. 北京：人民出版社，2017：228.

生协同行动。青年身上所展现出的政治敏感性、革命主动性等优秀特质，使得列宁认为党有必要、有责任、有义务深入到青年当中，向青年宣传党的纲领，以争取青年对无产阶级革命事业的支持，引导青年作出正确的政治选择。

社会主义在俄国取得胜利后，列宁继续提出苏维埃的各项建设事业仍然需要青年的帮助。一方面，再度陷入战争状态的新生政权需要充实红军的力量，列宁在动员支援前线工作的报告中、与革命军事委员会的电报和有关便条里面都提及，要征召大量的役龄青年入伍。青年通过参加红军，既可以完成征粮工作等粮食保障任务，又能够保家卫国、接受斗争锻炼，来完成军事作战任务。另一方面，由于沙皇政府和资产阶级政府旧时期的官吏无法信赖、不可依靠，他们在工作中充斥着官僚主义习气，在暗地里与苏维埃政府作对。基于此局面，新的国家机关迫切需要吸收一大批具有新思想和新面貌的青年干部和青年工作人员，通过从事帮助推进苏维埃宪法实施等具体的实际工作，来参与管理国家事务。

二、列宁青年教育理论形成的理论依据

针对列宁青年理论或列宁教育理论的形成依据问题，部分研究指出了俄国传统文化、革命民主主义等因素产生的重要影响。但更为明确且关键的是，列宁青年教育理论的形成离不开马克思主义理论创始人的深厚理论滋养。列宁经常通过直接引用马克思、恩格斯所著的文章，以及他们的实际革命经历，去批驳当时俄国国内外关于青年教育问题的错误论调，并以此引导青年要善于把握正确的人

生方向。可以说，马克思和恩格斯的有关理论观点，在列宁青年教育理论的形成与发展过程中占有无可辩驳的基础性、主导性地位。

（一）马克思和恩格斯的辩证唯物主义理论

马克思和恩格斯的辩证唯物主义理论是列宁青年教育理论最为根本的理论依据。列宁灵活运用马克思主义哲学的基本原理和方法，发挥"一整块钢"①的统摄作用，为青年教育问题提供马克思主义哲学，特别是辩证唯物主义理论的科学指导。

第一，列宁坚持并发展了辩证唯物主义理论的唯物主义立场。列宁认为，哲学如同政治一样，都有着党派划分的问题，具体表现为唯物主义和唯心主义两大党派。除这两者之外，不存在凌驾于其上的第三个派别。他指出，恩格斯同马克思的哲学理论立场完全一致，具有鲜明的唯物主义党性，从不背弃自己的党性，也绝不纵容其他党派。列宁还揭示了蕴藏在不同哲学党派背后的阶级立场和意识形态差异，认识到培养无产阶级青年的重要性。

第二，列宁坚持并发展了辩证唯物主义理论的实践观点。列宁以马克思社会经济理论的整体性为例，表明其之所以是客观真理，是因为这是被实践检验和证实的理论，并提出"生活、实践的观点"②是认识论当中最为首要和基本的观点，要坚持认识与实践的统一性。实践的观点不仅成为列宁领导社会主义革命与建设的不变信条，还

---

① 列宁.唯物主义和经验批判主义：对一种反动哲学的批判［M］∥列宁全集：第18卷.2版（增订版）.北京：人民出版社，2017：341.

② 列宁.唯物主义和经验批判主义：对一种反动哲学的批判［M］∥列宁全集：第18卷.2版（增订版）.北京：人民出版社，2017：144.

贯穿于他日后在教育社会主义青年过程中的内容选择和方法运用等环节，以期借助广泛的实践去深化青年对国家政策调整的认识，又通过实践来培养和考察青年。

第三，列宁坚持并发展了辩证唯物主义理论的具体问题具体分析方法。列宁从唯物辩证法的角度出发，批评了一些文章作者对于现实问题的马克思主义分析存在教条化倾向，难以抓到问题的本质，没有意识到要"对具体情况作具体分析"[①]——这一马克思主义的"精髓"和"活的灵魂"。列宁在青年教育问题上，同样坚持从客观实际出发，遵循唯物辩证法的矛盾普遍性和特殊性原理，对于在培养青年过程中出现的多种问题，他结合历史情况和青年特点，有针对性地作出解答，制定合理的教育策略。

（二）马克思和恩格斯的青年理论

马克思和恩格斯的青年理论是列宁青年教育理论的直接理论依据之一。马克思早在他的中学考试作文中就提出，人只有在为同一时代每个人的完美和幸福去工作时，才能够达到自身的完美。他光辉的一生如是践行着这一坚定的青春诺言，并鼓舞激励着无数后辈。在看待青年的地位、作用和使命上，马克思、恩格斯指出，青年是变革社会的重要力量，是构成国际无产阶级"突击队"[②]的决定性

---

① 列宁.《共产主义》为东南欧国家办的共产国际杂志（德文版）[M]//列宁全集：第39卷.2版（增订版）.北京：人民出版社，2017：128.

② 恩格斯.卡·马克思《1848年至1850年的法兰西阶级斗争》一书导言[M]//马克思恩格斯全集：第29卷.2版.北京：人民出版社，2020：638.

力量，是"人民生命的源泉"①，是人类的未来，并特殊强调了青年要具有无产阶级属性。而党正是"代表未来力量的先进部队"②，需要不断吸收新人的力量，来助力无产阶级政党取得政权，并委以青年在日后掌管社会主义国家的重任。青年充满热情但容易冲动的性格特点，使其极易被他人影响，成为被资产阶级利用来反对人民的工具，这使马克思和恩格斯意识到对青年进行科学理论宣传和鼓动的必要性。

恩格斯身体力行地联系青年，积极接触、诚恳告诫和帮助青年，设身处地理解青年，善于发现青年所具有的优点，鼓励青年多到外面"开阔眼界"③。他还十分关注青年是否具备扎实知识，重视培养青年独立自主的学习能力，还要求青年学生作为"脑力劳动无产阶级"④要向"体力劳动无产阶级"学习，与工人们一起团结起来，共同朝着共产主义的伟大目标迈进。另外，马克思和恩格斯还重视青年恋爱、婚姻道德的问题，表明了无产阶级道德要求青年对于爱情要保持严肃认真的态度，不能带有随意性，传递了只有真正的爱情才对婚姻具有决定权的理念，反对资本主义建立在经济利益基础上的不符合正确道德观的婚姻，希望"新的一代成长起来"⑤之时

---

① 马克思."模范国家"比利时［M］∥马克思恩格斯全集：第5卷.北京：人民出版社，1958：368.

② 恩格斯.德国的社会主义［M］∥马克思恩格斯文集：第4卷.北京：人民出版社，2009：428.

③ 恩格斯.致卡尔·考茨基［M］∥马克思恩格斯全集：第35卷.北京：人民出版社，1971：352.

④ 恩格斯.致国际社会主义者大学生代表大会［M］∥马克思恩格斯全集：第29卷.2版.北京：人民出版社，2020：508.

⑤ 恩格斯.家庭、私有制和国家的起源：就路易斯·亨·摩尔根的研究成果而作［M］∥马克思恩格斯全集：第28卷.2版.北京：人民出版社，2018：101.

能够改变现存的糟糕状态。

（三）马克思和恩格斯的教育理论

马克思和恩格斯的教育理论是列宁青年教育理论又一个极为重要的直接理论依据。他们从资本主义社会单一的工业分工带给每个人成长的片面性问题出发，认为要通过无产阶级性质的教育，使社会成员可以有机会施展多方面的才能，这是使人获得全面发展的重要条件。在教育内容上，马克思将其概括为三个主要方面，分别是"智育、体育、技术培训"[1]。他特别解释了两个方面的内容，一是体育，指的是学校层面和军事训练层面的体育教育。出于当时革命斗争的需求，以及青年是军队中最为主要的补充来源的实际情况，重视对军队施加影响并使之朝着社会主义的方向转化则显得十分必要，而建立一支优秀的人民军队同样要加紧对青年开展军事训练。二是技术培训，指的是开展关于生产的一般性原理和行业工具使用操作技能的培训。只有培养一大批具备技术素养的青年人才，才能够使无产阶级最大限度占有和更好地使用生产资料。这一未雨绸缪的想法随着革命形势的不断发展，它的正确性越来越得到实践的充分证明。恩格斯还认为，要大力加强青年的革命历史教育，"回忆过去的运动"[2]有利于让青年知晓和铭记革命斗争的真实面貌，形成对无产阶级革命历史、革命先辈的正确认识，树立端正的革命历史观。

---

①马克思.给临时中央委员会代表的关于若干问题的指示［M］//马克思恩格斯全集：第21卷.2版.北京：人民出版社，2003：270.

②恩格斯.致约翰·菲力浦·贝克尔［M］//马克思恩格斯全集：第34卷.北京：人民出版社，1972：239.

针对如何造就全面发展的人的理论解答，马克思、恩格斯多次着重强调，"唯一方法"①就是教育与劳动的有效结合。工厂制度初步说明，无论是脱离教育的劳动，还是脱离劳动的教育，意义都不完整。只有将二者充分结合，才能让工人阶级获得前所未有的发展提升，应将其作为未来无产阶级教育所要努力行进的方向。同时，他们对资本主义条件下青年的教育权利保障和劳动保护状况进行了批判，并提出了无产阶级取得政权情况下的变革设想。列宁作为一名真正的马克思主义者，秉承马克思和恩格斯的青年教育思路和设想，不但坚持和发展了马克思主义青年教育理论的庄严承诺，而且结合俄国实际谱写了社会主义国家青年教育实践的华彩乐章。

三、列宁青年教育理论形成的历史过程

列宁青年教育理论的形成，是面对社会历史形势变化不断作出跟进，伴随思想理论研究逐步加深认识的过程，表现为过程阶段性和目标一致性的显著特点。对于这一理论形成过程的阶段划分，学界尚未形成统一的观点，主要有"三阶段说"和"四阶段说"。"三阶段说"分为两类，一类是1893年—1903年—1917年—1924年，另一类是1893年—1917年—1921年—1924年。"四阶段说"则划分为1893年—1898年—1903年—1917年—1924年。学者们对列宁这一理论形成过程的阶段划分所选取的时间节点，都为俄国社会民

---

① 马克思.资本论：第1卷［M］∥马克思恩格斯全集：第43卷.2版.北京：人民出版社，2016：510.

主工党会议、十月革命、新经济政策等具有标志性意义的事件，在各自意义上都具有一定合理性。本文的阶段划分考虑，一是遵循列宁主义产生、形成与发展的一般过程，二是依据对列宁有关青年教育论述篇目来进行量化和质化的分析结果。

（一）列宁青年教育理论的产生阶段

1893 年，可以视为列宁主义的发端。青年时期积极参加各地马克思主义小组的列宁，就是在这一年撰写了人生第一部理论著作，对当时俄国农民经济问题作出了自己的思考。之后，他继续精心研读马克思和恩格斯的诸多著作，并于 1895 年在圣彼得堡主持成立全市社会民主党人组织。即使在不幸被捕入狱和流放时期，列宁也不忘随时加深理论学习，心系无产阶级革命工作和人民解放斗争事业。20 世纪初，列宁领导创办宣传马克思主义理论的专门报纸——《火星报》，为无产阶级宣传思想和建立政党等工作起到了积极推动作用。1903 年，经过列宁前期精心细致的组织和筹备，俄国社会民主工党第二次代表大会胜利召开，这标志着列宁主义的正式诞生和新型无产阶级政党青年教育事业的真正展开，列宁青年教育理论至此孕育产生。

在这一时段内，列宁通过对民粹主义的批判，戳破了他们差别对待不同民族青年学生受教育权利的图谋，以及在管理上对富人和穷人家庭的学生所实行的双重标准，强制干涉与侵犯青年的婚姻权利等错误论调和行径。列宁强烈反对上述做法，并从青年个人全面发展的角度，继承马克思和恩格斯的理论观点，进而鲜明提出将青年教育同生产劳动相结合的科学构想。在现实生活中，进步的青年知识分子开始涌现出来帮助工人获得知识，同时为争取自身自由、民主的合理诉求进行抗争，但青年的革命举动却受到沙皇专制政府的无情打压和残忍对待。这使列宁清醒地认识到，必须鼓励和动员青年知识分子与工人特别是青年工人联合起来行动，用先进的社会主义理论观点来武装青年头脑，让他们懂得只有全体人民的彻底解放，才有青年一代的真正自由。在此基础上，稳步扩大无产阶级革命政党在青年中的联系和影响，从中培养未来革命运动的领导者。列宁揭示出各政党派别在青年学生中的反映和表现，指出社会民主党重视和争取青年力量支持的必要性和重要性。但是，由于革命活动还未广泛开展和党联系青年程度不够深入等原因，试图结出青年教育的硕果还需丰厚的实践土壤来培育生长。

（二）列宁青年教育理论的形成阶段

1904 年爆发的日俄战争，让俄国人民更加切身体会到沙皇政府的腐败无能。随后，在 1905 年激发了资产阶级民主革命，本应需要无产阶级政党带领人民进行顽强斗争的关键时刻，党内却出现了分裂党的机会主义行径，以至于最后发生 1907 年的"六三政变"，宣告此次革命的最终完全失败。这使无产阶级革命遭受严重挫折，陷入了一段时间的低潮期。在此期间，列宁领导布尔什维克党一方面批驳社会上泛起的唯心主义倒退思想，坚守马克思主义的唯物主义立场；另一方面克服纠正党内显现出的自由主义和无政府主义等倾向。1910 年，面对新的革命高潮到来，身处国外的列宁，密切注视和领导国内的革命运动，进一步加强党的团结统一。1914 年第一次世界大战的爆发，证明列宁关于帝国主义的研究更富意义且更加紧迫，他加紧对社会沙文主义等错误立场进行揭露批判。接着，列宁在1917年3月准确判断局势，领导推翻了沙皇政府并制定全新策略，并于11月夺取了俄国社会主义革命的伟大胜利。

列宁在这一时段对于青年的教育基本围绕"斗争"主题，任务是通过给予青年正确的社会主义思想引导，启发青年从自发性斗争向自觉性斗争转变，不断联合青年以积蓄整个党的革命组织力量，增强党的战斗力。针对党内对青年抱怨、害怕和忽视的态度，列宁进行了极为严厉的批评，并让党的各级组织广泛地接触和联系青年，主张吸收大量先进青年为党工作和战斗，着重培养青年人才，充实党的后备力量。列宁还重视发挥国际青年团体或青年组织在无产阶级斗争中的独特作用，尊重其相对独立的地位，加强党对他们的指导和帮助工作。随着革命形势的曲折发展，列宁对青年地位和作用的认识进一步加深，关注青年在学校、军队等环境中的教育问题，联系、组织和教育青年的方式方法也在实践中逐步得到丰富和优化，列宁青年教育理论已基本形成。

（三）列宁青年教育理论的发展阶段

这一时段起于俄国十月武装起义取得胜利后的第一年，止于列宁为党和人民战斗和工作的最后一刻，是列宁将有关青年教育的理论构想运用于社会主义实践的关键阶段。列宁关于青年教育论述篇目的近半数都是在此期间创作完成的，标志着列宁青年教育理论走向成熟并不断深化发展。新生的苏维埃俄国在夹缝中求生存、在战争里搞建设，陷入内外交困的艰难境地。即使俄国在1918年主动退出了第一次世界大战，计划集中精力恢复和建设国内长期被破坏的经济，但仍遭到协约国等外部势力的无情入侵和国内反革命白卫军的趁机叛乱。历经艰苦卓绝的斗争，包括苏维埃红军在内的全体苏维埃人民，以惊人的毅力、决心和勇气，于 1920 年末彻底战胜了国内外的各种反动势力，为苏维埃国家再次争取到了宝贵的社会主义建设时机。自 1921 年起，以列宁为主要代表的俄国共产党人，带领苏维埃俄国人民，从战时共产主义时期过渡进入实施新经济政策时期，专心切实解决国家首要面临的经济建设问题。

列宁的青年教育实践，同样是紧紧围绕着"保卫政权"和"经济建设"两个任务而切入。在"保卫政权"的任务方面，主要分为两条战线，一条战线是与资本主义敌人直接进行正面交锋的战争前线，大批青年在国家极具困难的时期应征入伍，到红军中参与保卫国家的斗争。另一条战线是帮助国家稳固后方阵地，由于大量先进工人投入到粮食转运、能源输送等前线紧急任务当中，列宁号召要安排青年代替广大工人，将青年作为补充干部队伍的有生力量，借此机会使他们到重要的工作岗位上接受锻炼。在"经济建设"的任务方面，新经济政策的实行，致使国家极度需要青年人才提供支撑，服务于国家的经济发展，这就对青年教育提出了更高要求。早在夺取政权前夕，列宁就在修改党纲的工作中将教育问题提上日程。夺得革命胜利之后，列宁更是持续推进学校的共产主义改造，就青年的学习任务、教师的教育任务、教材的编写任务、社会教育资源的开发利用等众多青年教育问题开展一系列的理论和实践探索。

第三章
列宁关于青年教育的核心要旨

　　青年是身体和心理快速发展成熟，并真正开始走向社会生活交往，处在特定年龄阶段的一类群体。青年教育则是培养青年人的一项社会实践活动，这项活动既涉及一般教育实践所要求的本质规定性，又包含针对青年自身特点和社会进步要求而专门采取的特殊培养举措。列宁在对俄国沙皇专制制度下青年教育的虚伪性进行揭露和批判的过程中，进一步激发了他对无产阶级青年教育问题的深刻思考与实践，形成了关于青年教育系统性、理论性的观点。列宁青年教育理论是主题鲜明、要素完备、内涵丰富、层次清晰的科学理论体系。其中，列宁关于青年教育的目的、主体、内容、环境的论述，建构起列宁青年教育理论大厦的四梁八柱，成为其理论框架之中最为核心的主张。

一、关于青年教育的目的

　　青年教育目的是一定的政党、国家或整个社会，基于自身利益需要和青年身心特点，对于培养什么样的青年所表现出的总的期待和要求，贯穿于教育活动的全过程、各环节，反映出鲜明的目标导向和结果导向。目标导向即教育内容的选取、教育主体的素质、教育环境的利用等方面都必须围绕是否有利于实现青年教育目的的方向衡量，结果导向即最终检验青年教育成效的标准就是要看是否达到了预期的教育目的。列宁对于青年教育目的的规定主要从两方面入手，一是要促进无产阶级青年的全面发展，二是要符合社会主义社会和共产主义社会的要求。

（一）造就品格"全面发展"的社会主义青年人才

列宁深刻认识到资产阶级教育的实质是阻止青年拥有个人独立意志，他们的意图是通过教育手段训练出听从资本随意安排和驱使的青年，以达到麻痹青年的目的。而无产阶级教育目的则与之完全相反，着重于"培养人的品格"①，从而推进青年多方面的个性发展，这是与资产阶级教育有着根本区别的一点。要让社会主义青年在摆脱剥削之后具有独立平等的"人"的一般属性，进而把青年培育成长为人中之"才"，这就需要摒弃旧的资产阶级教育所造成青年片面发展的弊端，造就"全面发展"②的新的社会主义社会成员。

列宁至少从四个方面指出了社会主义青年如若实现全面发展，应该具备的特质。一是造就"有学识"的社会主义青年。身处旧俄国的绝大多数青少年，他们的受教育权利无法得到保障，政府正是以此阻挠青年的阶级觉醒。列宁将沙皇时期的教育部门称为"愚弄

---

① 列宁.在全俄国际主义者教师第二次代表大会上的讲话［M］//列宁全集：第35卷.2版（增订版）.北京：人民出版社，2017：422.

② 俄国共产党（布尔什维克）纲领［M］//列宁全集：第36卷.2版（增订版）.北京：人民出版社，2017：412.

青年部"①，他清醒认识到知识对于青年成长成才和建设文明国家的重要意义。二是造就"有教养"的社会主义青年。俄国旧社会充斥着有自私自利习惯和心理的人，列宁反对这种带有利己主义色彩的教育，主张进行全新的社会主义集体主义教育，让富有社会主义教养的青年能够学会主动关心和帮助周围的人。三是造就"守纪律"的社会主义青年。这里的纪律区别于资产阶级旧学校的"强迫纪律"，是指青年在革命斗争过程中形成的"自觉纪律"②。拥有"自觉纪律"的青年逐渐成为自觉的人，这是成为真正的共产主义者的必备条件。四是造就"善劳动"的社会主义青年。资本主义制度下的"剥削劳动"使人民群众深受其害，提起劳动他们就本能地躲避和排斥。列宁则号召青年有组织地深入到城乡中，带动人民通过真正的"自由劳动"③来建立新的劳动生活秩序。

（二）培养"管理国家"和"建设新生活"的青年

俄国十月革命取得胜利后，一大批青年在新生政权下成长起来，在学习和见闻中了解到新制度带给当时社会的新变化，争相渴望能够参与到国家管理工作当中，并展示出极大的决心和勇气。列宁将青年从事国家建设工作的主动性看在眼里，同时考虑到旧的资产阶级干部态度不忠实、办事不牢靠，充满对社会主义新国家的成见，

---

① 列宁.论国民教育部的政策问题（对国民教育问题的补充）[M]∥列宁全集：第23卷.2版（增订版）.北京：人民出版社，2017：118.

② 列宁.青年团的任务（在俄国共产主义青年团第三次代表大会上的讲话）[M]∥列宁全集：第39卷.2版（增订版）.北京：人民出版社，2017：335.

③ 列宁.青年团的任务（在俄国共产主义青年团第三次代表大会上的讲话）[M]∥列宁全集：第39卷.2版（增订版）.北京：人民出版社，2017：346.

青年也就自然成为补充干部队伍新生力量的唯一来源。列宁特别提及，要让青年工人和青年农民在当前以及未来切实担负起"管理国家和实现无产阶级专政任务"①，将他们中间的优秀代表人物安排到重要的工作岗位。列宁认为，虽然受到起用的青年人在处理工作事务方面还不够成熟，需要继续加强学习，但这恰恰可以使年轻力量得到更加实际的锻炼，从中选拔出信仰坚定、能力出众的工农青年，为国家的长远发展储备和训练出年轻的工作干部。

青年不仅奉献于国家机关的管理工作之中，还活跃在"建设光辉灿烂的新生活"②的青春路上。"新生活"是在争取无产阶级专政的条件下创造出来，并动员独立的、不受剥削的、勤劳的亿万劳动工人和农民群众,去共同参与国家建设的新的社会主义生活阶段。彼得格勒举行"青年周"期间，列宁特地写信寄语青年，号召他们更加积极努力地参与社会工作。列宁更是在接见俄国共青团一大代表团时指出，先进青年要"站在建设新生活的斗争的前列"③，承担起社会主义青年不可推卸的责任和义务。俄国共青团召开二大时，列宁在发去的贺词中，表达了希望青年能够取得建设新生活成就的美好祝愿。在此之后，青年中的优秀代表还参加了列宁出席的具有历史性意义的俄国共青团三大。事实证明，俄国无产阶级青年在国内战争的前线战场和城市工厂、农村等后方阵地发挥了不可替代的

---

①列宁.大家都去同邓尼金作斗争！（俄共（布尔什维克）中央给各级党组织的信【M】//列宁全集.第37卷.2版（增订版）.北京：人民出版社，2017：47.

②列宁.致我们的接班人［M］//列宁全集.第38卷.2版（增订版）.北京：人民出版社，2017：29.

③叶·莫·格尔.在共青团的摇篮旁［M］//回忆列宁：第3卷.南京大学外语系俄罗斯语言文学教研室《回忆列宁》翻译组，译.北京：人民出版社，1982：401.

重要作用。

（三）培养接班"建立共产主义社会"的一代新人

列宁在俄国共青团三大的讲话开篇就点明，只有新的青年才能真正担负起"建立共产主义社会"①的艰巨任务，这是对资本主义社会制度现存的剥削关系进行透彻分析后而得出的科学结论。共产主义社会的实现具有长期性的历史特点，老一辈无产阶级前辈在与资产阶级的激烈斗争中，为青年一代开辟了人与人之间有着平等关系的崭新天地，破除了资产阶级旧的生产关系，清理并夯实了建成共产主义社会所需的"地基"，而未来的共产主义社会则需要一代又一代青年在此基础上接替参与国家建设。因此，必须改造旧的资本主义社会对青年施加的畸形教育影响，加强对青年的共产主义训练、培养和教育，让他们掌握建立共产主义社会应具备的各种知识和技术，奋勉奔向和投身于与过去社会完全不同的共产主义社会的宏伟征途中。

共产主义社会的彻底实现，需要无产阶级团结全世界一切劳动群众力量。而全世界的无产阶级青年，更是夺取这场伟大革命斗争胜利进程中不可或缺的进步支持力量。列宁十分赞成将捍卫国际主义和社会主义的全世界青年组织结成联盟，尊重青年联盟的组织独立性并愿意向其提供党的支持和帮助。随着国际社会主义青年运动的发展，在列宁的有关提议和指示下，青年共产国际于1919年成立，

---

① 列宁.青年团的任务（在俄国共产主义青年团第三次代表大会上的讲话）[M]//列宁全集:第39卷.2版（增订版）.北京: 人民出版社, 2017: 328.

其执行委员会在 1921 年从柏林迁至莫斯科。青年共产国际必须完成和最为主要的任务，就是切实推进"青年的培养和学习"①，同时要争取青年工人对各项革命事业明确的、不妥协的实际支持，加强对共青团的指导和提高工作。作为共产国际的分支机构，还要拥护其各项决定，发挥好自身在青年运动中的引领作用。

二、关于青年教育的主体

教育主体需要秉承明确的教育目的，面向教育对象传授规定的教育内容，扮演牵引和推动整个教育过程向前发展的重要角色，在教育活动中应具有高度的专业性和艺术性。列宁在领导苏维埃俄国的青年教育实践过程中，呈现了教育主体既有组织意义上的主体，如青年团和教育部门；又有个体意义上的主体，如各级各类教育工作者。他们在不同层面、不同角度、不同方位对青年施加无产阶级的教育影响，发挥着各自的社会主义教育功能，共同致力于培养真正的青年马克思主义者。

（一）具有"主动性和首创精神"的共产主义青年团

列宁在革命初期就希望和促进青年组织起来、集合起来，看到国外社会主义青年团体的发展，更使他认识到需要顺应本国青年运动的发展，建立属于俄国无产阶级的青年组织并加强彼此之间的联

①列宁.致在莫斯科召开的青年共产国际第三次世界代表大会［M］//列宁全集: 第 43 卷 .2 版(增订版).北京: 人民出版社, 2017: 314.

系。1917 年，俄国布尔什维克党的代表大会专门形成"关于青年团"的决议和决定，明确提出"使青年工人建立组织上独立、精神上同党联系的独立组织"①，绝不使党组织包办和代替具有社会主义性质的青年组织的具体工作。接着，在党的建议和协助下，俄国共产主义青年团于 1918 年正式成立。随后在 1919 年，党批准由青年团统一负责青年工农和青年学生的相关工作，给予其"最有力的思想上和物质上的支持"②。1920 年，列宁在答俄国共青团三大代表问时鲜明强调，青年团共产主义性质的真正体现之一，就是"应当遵循共产党的全部指示"③，这是对于党团关系的根本定位。

青年团更为主要的目的是成为全体青年的"实际领导者和实际榜样"④，着力打造一支具有"主动性和首创精神的突击队"⑤。列宁认为，青年团只有在现实的各种活动和行动中走在前列、作出表率，才能有效团结和带领无产阶级青年直接参与国家建设。列宁指出，青年团要全力做好组织青年的工作，让青年团员和以青年团员为带头人的全体青年人，成长为无坚不摧的共产主义战士。在影响、

---

① 俄国社会民主工党（布）第六次代表大会：代表大会的决议和决定［M］//苏联共产党代表大会、代表会议和中央全会决议汇编：第 1 分册.中共中央马克思恩格斯列宁斯大林著作编译局，译.北京：人民出版社，1964：497.

② 俄共（布）第八次代表大会：代表大会的决议和决定［M］//苏联共产党代表大会、代表会议和中央全会决议汇编：第 1 分册.中共中央马克思恩格斯列宁斯大林著作编译局，译.北京：人民出版社，1964：579.

③ 列宁.答俄国共产主义青年团第三次代表大会代表问［M］//列宁全集：第 39 卷.2 版（增订版）.北京：人民出版社，2017：352.

④ 列宁.答俄国共产主义青年团第三次代表大会代表问［M］//列宁全集：第 39 卷.2 版（增订版）.北京：人民出版社，2017：352.

⑤ 列宁.青年团的任务（在俄国共产主义青年团第三次代表大会上的讲话）［M］//列宁全集：第 39 卷.2 版（增订版）.北京：人民出版社，2017：345.

吸纳和改造青年的过程中，青年团的首要任务在于不断加强学习、提高能力、增强本领，以此动员普通青年为党的事业去参加社会主义建设，帮助整个青年一代朝着建立共产主义社会的伟大目标持续迈进。另外，党也将在这个"进行共产主义教育的群众性组织"[①]当中，选拔出历经革命斗争锻炼且最具觉悟的先进青年加入党组织，进行下一步更为系统的培养和教育。

（二）肩负"培养青年一代"重大任务的教育工作者

苏维埃俄国在国民教育方面的基本原则之一，就是"培养具有共产主义思想的新的教育工作者骨干"[②]。教育工作者的组成范围主要包括宣传员、鼓动员、教育专家、教师等人员。宣传员和鼓动员在革命时期既对城乡群众进行革命教育，启发他们的思想觉悟，又走入青年学生当中介绍党的纲领和纪律要求；在战争时期还特别向战斗队教授简易炸弹的制作方法和基本的使用方式；在建设时期转为进行生产宣传和国民的电气化教育。教育专家则是服务于国家经济、科技建设的具有专业知识能力和经验水平的高技能人员，能够献策于教育部门的相关工作和指导学校的教育教学。教师是教育工作者中所占人员比重较大的一类群体，同时是列宁极其关注、关心和十分信任、信赖的一支队伍。

---

① 俄共（布）第十一次代表大会：代表大会的决议［M］∥苏联共产党代表大会、代表会议和中央全会决议汇编：第 2 分册．中共中央马克思恩格斯列宁斯大林著作编译局，译．北京：人民出版社，1964：198.

② 俄国共产党（布尔什维克）纲领［M］∥列宁全集：第 36 卷．2 版（增订版）．北京：人民出版社，2017：413.

列宁在给全俄教育工作者工会第四次代表大会的回信中提出，祝愿当时拥有 50 万人数的教育工作者大军，能够圆满完成"培养建设新生活的青年一代"①的重大任务。在教师队伍建设的重点问题上，前提性的条件是要让教师与旧的资产阶级教育观念彻底决裂，转到社会主义的立场上来，而后在社会主义教师工会内接受共产主义教育，用知识和科学解放深受剥削的广大劳动者。同时，列宁对沙皇政府和资产主义社会打压教师的做法感到特别失望，并提出了三点改进举措。第一，要把社会主义俄国新教师的地位提升至之前从未有过也无法有的新高度上来。第二，要着手提高教师的薪金待遇。由于旧俄国对国民教育的忽视，连带着教师的薪金也非常低，列宁要求国家财政预算首先应满足教育的需要，使其得到基本保障。第三，要提高教师专业能力。列宁建议教师们要积极阅读、了解和领会有关国家经济建设的著作，以便及时向青年学生和青年农民等群体进行专业化的知识传授。

（三）要善于实现"真正的人民的愿望"的教育部门

教育人民委员部是在遵循宪法规定的一般性原则基础上，负责社会主义俄国国民教育全面工作的机关部门，承担着充分执行党在教育问题上正确意志的崇高责任与使命。要极其善于组织、引导、巩固和合理满足"真正的'人民的'愿望"②，这不仅是列宁对教

---

①列宁.致教育工作者代表大会［M］//列宁全集：第43卷.2版（增订版）.北京：人民出版社，2017：311.

②列宁.论教育人民委员部的工作［M］//列宁全集：第40卷.2版（增订版）.北京：人民出版社，2017：335.

育部门应服务于有着强烈知识需求的工农劳动群众的殷切期待，还反映出教育部门在工作中暴露出的主要缺点。

首先，"缺乏实事求是和从实际出发的精神"①。具体问题体现在，教育部门分支机构提供的图书馆建立数量等报表数据多有纰漏，无法切合实际和清楚准确地反映情况，给最广大人民群众分配报纸的实际情况"也非常不能令人满意"②。列宁要求必须彻底整顿，加强集中统一的图书馆网络的建立工作，同时严厉打击侵吞资源的官僚主义行径，让工人、军人、农民等众多群体，可以在图书馆和阅览室充分享受和阅读到免费分配的报纸和图书资料，保障他们追求无限光明的受教育权利。

其次，"空泛的议论和抽象的口号太多"③。这里是指教育部门要少一些政治上的空洞表态，多从事具有实际意义的生产宣传。列宁特别就教育研讨会议上和个别教育部门人员对降低职业综合技术教育年龄问题的妄论提出批评，重申此做法是布尔什维克党根据国家面临的实际困难所采取的暂时性举措，没有必要进行过分解读。

最后，"没有充分地考虑和检验实际经验，没有经常利用这种经验教训"④。列宁在此强调，教育部门要大力发现、使用和提拔

---

① 列宁.中央委员会给教育人民委员部党员工作人员的指示[M]//列宁全集：第40卷.2版（增订版）.北京：人民出版社，2017：328.

② 列宁.中央委员会给教育人民委员部党员工作人员的指示[M]//列宁全集：第40卷.2版（增订版）.北京：人民出版社，2017：329.

③ 列宁.中央委员会给教育人民委员部党员工作人员的指示[M]//列宁全集：第40卷.2版（增订版）.北京：人民出版社，2017：328.

④ 列宁.中央委员会给教育人民委员部党员工作人员的指示[M]//列宁全集：第40卷.2版（增订版）.北京：人民出版社，2017：328.

教育专家，重视听取和运用专家的意见，与他们开展教育研究合作，还要切实改进专家的工作内容和条件，认识并消除之前工作中这一"带普遍性的根本的缺点"①。由于教育专家具备绝大部分教育机关人员尚没有的理论修养和多年的实际教育经验，身为共产党员的领导者要善于总结和利用教育专家的经验并加以检验，从而借助教育专家在实践中不断取得的成就来推动自身工作发展。

三、关于青年教育的内容

教育内容承载着教育目的，反映着教育目的的内在规定性，关系着教育目的实现，在开展教育活动的过程中起着基础性作用。列宁对于无产阶级青年教育内容的选择，严格依据社会主义教育目的，确保教育方向的正确性和可靠度，重视向青年传授共产主义的理想信念、了解世界的必备知识、生存发展的基本技能，促进广大青年在道德品质、智力水平、劳动能力等方面不断获得稳步提升，推动社会主义国家青年人才规模和质量的稳步增长。

（一）"世界观""人生观""共产主义道德"教育

列宁将青年的理想信念教育放在首位，把它当作争取青年和教育青年的总指引和最为根本的内容。在树立何种世界观的问题上，他认为只有马克思主义世界观、社会主义世界观、革命世界观才是

---

① 列宁.论教育人民委员部的工作 [M] // 列宁全集: 第40卷 .2版 (增订版).北京: 人民出版社，2017: 331.

唯一正确的世界观。无论是为党准备关于青年学生的决议草案、全俄无产阶级文化协会的决议草案，还是写给青年学生的信件或发表于报纸的论战文章，列宁都极其强调无产阶级性质的世界观对于青年和青年教育事业的至关重要，而且这种世界观必须要是"完整而彻底的"[①] 和"明确严整的"[②]。

在正确世界观的引领下应确立怎样的人生目的和态度，对此列宁指出，要教育青年形成与俄国社会民主工党人一致的"严整的革命人生观"[③]，通过与资产阶级和各种反动流派的斗争来真正实现人生价值。

共产主义道德教育是列宁进行青年教育的核心命题之一，他强调"培养、教育和训练现代青年的全部事业"[④]，就是让青年具有共产主义道德，这是开展青年教育的旨归。列宁坚决否定带有唯心主义欺骗色彩、超越人类和阶级社会层面的资产阶级假道德，弘扬完全服务于无产阶级阶级斗争利益的共产主义道德。共产主义道德的指向是消灭剥削和资本主义旧社会，但最终实现这一目标带有长期性的特点，任务十分艰巨。列宁认为，对青年进行的共产主义道德教育，初期阶段的教育内容主要集中在两点。一是"团结一致的

---

① 列宁.为俄国社会民主工党第二次代表大会准备的决议草案：关于对青年学生的态度的决议草案 [M] // 列宁全集：第 7 卷 .2 版（增订版）.北京：人民出版社，2013：235.

② 列宁.反军国主义的宣传和社会主义工人青年团体 [M] // 列宁全集：第 16 卷 .2 版（增订版）.北京：人民出版社，2017：107.

③ 列宁.俄国社会民主工党第二次代表大会文献：关于对青年学生的态度问题的发言 [M] // 列宁全集：第 7 卷 .2 版（增订版）.北京：人民出版社，2013：295.

④ 列宁.青年团的任务（在俄国共产主义青年团第三次代表大会上的讲话）[M] // 列宁全集：第 39 卷 .2 版（增订版）.北京：人民出版社，2017：338.

纪律"①，教育青年聚集在无产阶级周围并团结起来，与广大劳动者共同反对私有者的残酷剥削，并遵守严明的铁的纪律来参加社会主义新社会的火热建设。二是"反对剥削者的自觉的群众斗争"②，这是共产主义道德的基础。只有服从并联系无产阶级的斗争，揭开所谓存在"永恒道德"的迷惑面纱，才能培养出真正的共产主义青年一代。

（二）"人类积累起来""人们所必需"的知识教育

知识教育内容的起点和终点都是"共产主义"。一方面，青年要学习书本著作中与共产主义直接相关的"结论性"基本知识；另一方面，更为重要的是在"人类知识的总和"③当中，学习到在建设共产主义道路上"人们所必需"④的有用知识，这类知识为共产主义理论的诞生与成长，提供了不断向上攀登的牢固基石。列宁认为，树立永久纯洁的共产主义信仰，必须掌握"人类积累起来"⑤的全部知识，培养自身对既得知识的批判性思维能力。他以马克思主义学说的创立和无产阶级的文化建设为例，说明了无论是理论学

① 列宁.青年团的任务（在俄国共产主义青年团第三次代表大会上的讲话）［M］//列宁全集：第39卷.2版（增订版）.北京：人民出版社，2017：341.

② 列宁.青年团的任务（在俄国共产主义青年团第三次代表大会上的讲话）［M］//列宁全集：第39卷.2版（增订版）.北京：人民出版社，2017：341.

③ 列宁.青年团的任务（在俄国共产主义青年团第三次代表大会上的讲话）［M］//列宁全集：第39卷.2版（增订版）.北京：人民出版社，2017：333.

④ 列宁.青年团的任务（在俄国共产主义青年团第三次代表大会上的讲话）［M］//列宁全集：第39卷.2版（增订版）.北京：人民出版社，2017：335.

⑤ 列宁.青年团的任务（在俄国共产主义青年团第三次代表大会上的讲话）［M］//列宁全集：第39卷.2版（增订版）.北京：人民出版社，2017：333.

说还是文化形态，最为首要的都是先占有人类社会逐步形成、符合科学发展规律的一切知识财富，接着要坚持怀疑和批判的精神，将之放到革命现实活动中进行检验，以获得具有无产阶级性质、经历过改造创新的带有真理性的知识。

对青年的思想教育和政治教育同样是知识教育的重要组成部分，思想政治理论知识的传授是对青年进行价值观教育的基础性前提和条件。列宁从德国社会民主党的做法中认识到，"对青年的社会主义思想教育"① 是无产阶级革命运动中的斗争工具之一。在 1919 年的俄共 (布) 纲领中，"思想教育工作"被确定为党的主要任务。此外，教育联系政治是列宁的理论和实践坚持之一。早在沙皇统治时期，青年学生的学习与生活严重脱离政治，列宁就提出要将先进理论从外部灌输到青年头脑当中，启迪他们的政治意识，帮助青年实现政治觉醒。在苏维埃俄国的国内战争时期，共青团为自身确立的重要工作任务和目标之一，就是于革命后方阵地进行强有力的政治教育，之后召开的俄国共青团代表大会，还专设政治教育小组审议会议有关议题。在具体开设的普通类课程方面，主要有共产主义课程、地理课程、文学课程等。列宁还尤为关注青年的历史知识教育，要求开设通史、革命史特别是 1917 年革命史等课程。

（三）与"电气化计划"相衔接的"综合技术"教育

随着国内战争的结束，社会主义俄国紧接面临着按照新政策来

---

① 列宁 . 论拥护召回主义和造神说的派别 [M] // 列宁全集：第 19 卷 .2 版（增订版）. 北京：人民出版社，2017：79.

恢复工农业生产的经济任务，这就需要推进全国的电气化建设。在某种程度上，共产主义就是"苏维埃政权＋电气化"①。列宁将推进青年教育作为开辟"俄国式现代化"道路的重要方式之一，表明要让青年接受现代教育，掌握应用电力来提高生产力等现代科技知识，以助力国家发展和未来共产主义社会的实现。列宁以"对青年……实行综合技术教育"②作为推进"俄罗斯联邦电气化计划"③的突破口，为国家培养急需的专业技术青年后备人才。他立足当时国家建设艰难的实际情况，加快推广普及综合技术教育，提出实施综合技术教育的培养目标、课程规划、实训步骤、学校整合等一系列举措，并对忽视、歪曲、否认综合技术教育的错误言论和做法给予了严厉批评和纠正。

列宁在青年的综合技术教育问题上坚持两点根本原则，一是遵循马克思主义有关综合技术教育的思想和精神，二是依据党纲中的有关明确规定。俄共（布）纲领中按照学生年龄分层开展综合技术教育，对未满 17 岁的儿童实行"熟悉性"的普通综合技术教育，对17 岁以上的人实行"专业性"的职业综合技术教育。列宁从理论和实践两个维度来解释综合技术教育的具体含义：理论上既要广泛掌握各学科最为普通的知识，要通过了解电、机械工业用电和化学工业用电等基本概念、农艺学等学科原理来储备综合技术教育的知识，

① 列宁.关于电气化的意见［M］//列宁全集：第 40 卷.2 版（增订版）.北京：人民出版社，2017：226.

② 列宁.俄共（布）纲领草案的材料：党纲中国民教育方面条文的补充草案［M］//列宁全集：第 36 卷.2 版（增订版）.北京：人民出版社，2017：398.

③ 列宁.关于综合技术教育：对娜捷施达·康斯坦丁诺夫娜的提纲的意见［M］//列宁全集：第40 卷.2 版（增订版）.北京：人民出版社，2017：230.

还要通过组织参观发电站、国营农场、农业实验站、优质农庄、工厂、关于综合技术教育的博物馆和展览馆等活动，增长有关综合技术的见识；实践上则要在工程师、农艺专家等技术人员指导下进行实地实验和实习，职业综合技术教育的环节更加强化实际的训练，从事综合技术劳动，培养木工、钳工等业务能力强的手艺人。

四、关于青年教育的环境

教育环境是对教育对象施加教育影响过程中各种外部条件的总和。这些条件既能产生积极的影响，又会带来消极的影响，具有客观性、不确定性、广泛性等特点。人们根据教育类型和对象的差异，对教育环境范围的确定也不尽相同。列宁并不被动受制于环境的限制，而是主动改造或利用不同青年群体所身处的外部环境，使之朝着有益于无产阶级教育的方向转化，通过显性或隐性的教育活动来助力青年成长成才，能动地塑造青年优秀的道德品行。

（一）青年发展和增进个人"思考力"的学校环境

学校是青年接受专门系统培养、具有高度组织性和计划性的教育机构，其内部各要素所营造出的教育环境，将使青年获得最为直接的熏陶和感染。在学校教育的功能和职责上，沙皇俄国的旧式学校充斥着阶级划分的剥削意味，强迫青年学生接受资产阶级方式的训练，教给他们错误无用的知识，培养能为腐朽政府创造利润且没有反抗意识的听话奴仆。列宁认为，应该废除和摧毁这样的学校，

建立能够"发展和增进每个学习者的思考力"①的新式学校，同时
要拆穿资产阶级所声称的学校可以脱离政治的谎言，突出无产阶级
学校鲜明的政治导向。

　　在具体的学校教育举措上，尤沙柯夫制定的所谓"教育计划"，
呈现出空前的反动性和空想性，列宁至少两次对其进行了极为严厉
的批判。这位自由主义民粹派的代表人物，提出了要求无法交纳学
费和生活费的学生服工役，忽视少数民族学生的教育权利，设立所
谓"感化中学"，采取男女分校等诸多不切实际的想法，都遭到了
列宁的强烈反对。后来，列宁在苏维埃俄国的学校教育工作中实行
了根本性的彻底变革，采取对儿童实行免费义务教育，由国家供给
学生衣食和教育用品，男女合校等一系列先进务实的做法，并以党
纲的形式正式规定下来。列宁在处理学校与民族、宗教的关系问题
上，一方面，极力谴责"犹太学校民族化"方案和"民族文化自治"
计划，认为这是图谋根据民族来划分学校，割裂各民族间的相互联
系，而允许使用本民族语言授课，"使各民族的儿童在统一的学校
里打成一片"②才是正确的做法；另一方面，认为学校要与宗教相
分离，使学校具有完全绝对的"世俗性"，避免青年学生在学校中
受到各种宗教色彩的影响，通过宣传教育让他们树立马克思主义的
科学宗教观。

---

　　① 列宁.青年团的任务（在俄国共产主义青年团第三次代表大会上的讲话）［M］//列宁全集:
第 39 卷 .2 版（增订版）.北京: 人民出版社, 2017: 334.
　　② 列宁.犹太学校的民族化［M］//列宁全集: 第 23 卷 .2 版（增订版）.北京: 人民出版社,
2017: 396.

（二）青年力争做到"站在人民一边"的军队环境

沙皇俄国的兵役制度充满极度不平等的缺陷，对待青年学生和工农士兵采取惩罚和虐待等残忍手段。但恰恰是如此阴暗的环境，兵营也成为另一种意义上教育青年士兵的"军事学校"①，部分青年在这所"学校"经受住磨炼，展现出阶级觉悟和革命决心。列宁介绍了社会主义工人青年团体在青年入伍前、招兵时和服役期三个时间段，开展反军国主义宣传的具体做法：在入伍前青年就已加入青年团体，进行社会主义知识的自学并从事斗争工作；招兵时组织城市游行，唤醒青年新兵保护人民的意识；特别是在服役期，青年团体定期给予青年士兵资助，同时了解他们的思想状况，搭建其与当地青年团体联系的平台，并借助众多无产阶级的报纸书刊，来继续预防他们受到资产阶级的毒害，鼓励和教育青年在军队中组织起来，"努力争取做到使军队站在人民一边"②。

无论是在资产阶级的旧军队，还是在苏维埃俄国的红军队伍当中，列宁都十分注重扩大和加强党在军队中的正面影响，争取早日建立一支团结而又坚强的无产阶级军队。作为无产阶级专政工具的红军，对其教育工作更要"以阶级团结和社会主义教育为基础"③，

---

① 列宁 .183 个大学生被送去当兵 [M] // 列宁全集：第 4 卷 .2 版（增订版）.北京：人民出版社，2013：348.

② 列宁 . 反军国主义的宣传和社会主义工人青年团体 [M] // 列宁全集：第 16 卷 .2 版（增订版）.北京：人民出版社，2017：109.

③ 俄国共产党（布尔什维克）纲领 [M] // 列宁全集：第 36 卷 .2 版（增订版）.北京：人民出版社，2017：410.

打牢青年军人的思想政治根基。这既是着眼青年保卫国家的现实需要，又是稳固年轻革命军队的长远谋划。新军队的制度设定不单单注重日常的军事训练，更加向"军事政治学校"的形式转变，将党的支部覆盖到每一个部队，强调党的思想性和纪律性要贯穿军队教育过程的始终，培养忠诚于社会主义建设事业的青年军人。列宁在给苏维埃俄国驻波斯全权代表的信件中，推荐一名"从旧军队出来后又当过两年红军"[①]的青年人参加工作，认为经过军队考验的年轻人值得信赖，在其他事务中同样能够发挥重要作用。

（三）青年学会"怎样生活怎样行动"的社会环境

培养社会主义青年学生、青年军人的场域，大多存在于无产阶级的学校和军队，形成了相对独立的教育环境。但是，这些教育环境不可避免要同整个社会环境发生接触并融入其中，促使青年在大的社会系统中确立自我、增长才干。就学校的社会贡献力而言，从党的层面来说，学校作为"完全消灭社会阶级划分的工具"[②]，要凭借学校优势来扩大传播无产阶级在各方面的正向影响，进而推动全社会的共产主义改造；从国家的层面来说，学校教育工作要与所在地区的经济建设工作联系起来，通过研究成果和输送人才来助力和服务于国家和地区的发展。就军队的社会吸引力而言，列宁认为

---

① 列宁.致费·阿·罗特施坦［M］//列宁全集：第51卷.2版（增订版）.北京：人民出版社，2017：43.
② 俄国共产党（布尔什维克）纲领［M］//列宁全集：第36卷.2版（增订版）.北京：人民出版社，2017：412.

无须惧怕帝国主义提出的"青年军事化"①口号。正是由于党对一大批农民进行有效的鼓动和组织工作，他们才在奔涌的革命浪潮中将自己的孩子送进军队，相信青年能够在无产阶级的带领下，通过武装斗争赢取革命胜利，进而实现个人的自由与解放。

与此同时，由城市和农村构成的基本社会样态，教育对象自然集中在青年工人和青年农民身上。列宁看到了正在成长的年轻工人的青春能量，注重吸收青年工人参加革命战斗队，向他们传递革命斗争的经验，还提出出版先进工人事迹的小册子，以教给青年"一个有觉悟的工人应当怎样生活，怎样行动"②。从城市返回家乡"新型的人——青年农民"③，也在农村中开始向身边人有意识地讲述城市工人的斗争情况，号召贫苦农民联合起来，掀起反对地主的斗争，起到了助推农民政治运动兴起的积极作用。列宁还要求，每个县在兴建发电站后，要以此为教育中心，"从青年开始"④进行有关国家电气化计划的训练，举办教学和讲座等活动。此外，苏维埃俄国"社会教育机关网"的逐步建立，搭建起了图书馆、电影院、艺术工作室等民众文化场馆，也让青年工农有机会开始自学自修，提升自身的文化素养。

---

① 列宁.无产阶级革命的军事纲领［M］//列宁全集：第28卷.2版（增订版）.北京：人民出版社，2017：91.

② 列宁.伊万·瓦西里耶维奇·巴布什金（悼文）［M］//列宁全集：第20卷.2版（增订版）.北京：人民出版社，2017：83.

③ 列宁.关于1905年革命的报告［M］//列宁全集：第28卷.2版（增订版）.北京：人民出版社，2017：322.

④ 列宁.致格·马·克尔日扎诺夫斯基［M］//列宁全集：第50卷.2版（增订版）.北京：人民出版社，2017：63.

第四章
列宁关于青年教育的基本方法

　　教育方法是教育主体为顺利实现教育目的，向教育对象传授教育内容过程中所采用的方式和办法，起到连接教育主体和教育对象的桥梁或纽带作用。教育方法的选取是否恰当，关乎教育结果的有效性，是各教育环节中尤为关键的一环。将教育方法按照层级作出划分，由高至低可大致分为哲学层级、基本层级和具体层级等三个层级。上位层级为下位层级提供指导，下位层级则以上位层级为基础，使之能够更进一步地细化实施。本文所讨论的教育方法，主要是指列宁在培养青年问题上提出的具有原则性、一般性的基本方法，即为第二层级的教育方法，它以马克思主义哲学为指导，在宏观意义上统领和规范着如榜样教育法、自我教育法、事例教育法等其他具体教育方法的应用和延展。

一、在党的全面领导下进行青年教育

　　1918 年 3 月，在俄共（布）第七次代表大会通过的决议中，将党的名称由俄国布尔什维克社会民主工党更改为俄国共产党（布尔什维克），标志着取得十月社会主义革命胜利后的党的事业进入新发展阶段，体现着党的共产主义奋斗目标更加明确、任务更加艰巨。同时，昭示着党的青年教育进程亟须加快，破旧立新的工作要立即提上日程。但是，无论俄国十月革命前后，列宁都将党的全面领导作为青年教育的根本方法，它规定着教育事业的社会主义性质和方向，显现着无产阶级的教育路线的强大优势，是所有教育举措的前置性要求和根源性遵循。

（一）"不要对青年不放心"并建立"直接联系"

列宁十分重视党的人才培养和选拔工作，一直将青年作为党的人才队伍的重要补充力量。他特别强调要信任青年，"不要对青年不放心"①，放心大胆地让青年在为党奋斗的过程中锻炼自身、得到成长，认为青年"完全能够胜任"②一些工作和任务。这些工作和任务具体表现为：一是建议青年学生从事党的多数派机关周报——《前进报》的宣传工作，通过撰写通讯报道和报刊评论、整理国内出版物的摘要和引文等事务，为办报提供源源不断的素材，同时让他们在具体的真实事例中接受教育。二是青年完全能够胜任在"下次世界革命时机成熟"③之时的任务，列宁相信无产阶级青年能够取得一次又一次的伟大革命胜利，他们不仅是俄国社会主义事业的接力建设者，还是引领未来国际共产主义运动的生力军。

列宁用"河道喻"生动地说明了党联系和争取青年的必要性和重要性，他将青年比作湍急的水流，将党和党的敌人比作两条河道，

---

① 列宁. 致亚·亚·波格丹诺夫和谢·伊·古谢夫 [M] //列宁全集：第9卷.2版（增订版）. 北京：人民出版社，2017：228.

② 列宁. 致亚·亚·波格丹诺夫 [M] //列宁全集：第45卷.2版（增订版）. 北京：人民出版社，2017：8.

③ 列宁. 致俄国共产主义青年团第五次代表大会 [M] //列宁全集：第43卷.2版（增订版）. 北京：人民出版社，2017：223.

而及时疏通和扩大党这一侧的"河道"，引导"水流"顺利流入进来就是当务之急。党和青年的联系是双向的。一方面，鉴于革命形势的现实情况和需要，青年和青年组织在参加实际的革命工作之前和过程中，要积极与党组织取得最为紧密且秘密的联系，以便得到党的指示和支持，在党的丰富经验指导下尽快开展工作，将革命运动继续推向前进。另一方面，对于广泛且牢固建立起来的青年学生团体，"没有一个政党会不了解"①它带来的巨大益处，并极力扩大自身对其的影响。党的多数派机关报编辑部必须深入青年，加强党在青年中的影响和联系，向青年主动开放通信处，与青年工作者大力开展通信往来，"同新生力量、同青年、同朝气勃勃的小组直接联系"②是衡量党的组织力量的重要指标，也是真正办好机关报的切实举措。

（二）"耐心对待"和"同志式的批评"青年错误

列宁善于发现和总结青年人身上所具有的突出特点，他们朝气蓬勃、热情奔放、乐于探索，展现出极强的革命主动性，但同时也血气方刚、处事不够成熟，存在着一定的不足之处。党组织应想方设法接近青年、接触青年、爱护青年、帮助青年，"要鼓励青年"③竭尽全力来参加国家的革命和建设工作。党内所谓"年长的人"，

---

① 列宁.革命青年的任务：第一封信［M］//列宁全集：第7卷.2版（增订版）.北京：人民出版社，2013：329.

② 列宁.致谢·伊·古谢夫［M］//列宁全集：第45卷.2版（增订版）.北京：人民出版社，2017：14.

③ 列宁.致格·叶·季诺维也夫［M］//列宁全集：第47卷.2版（增订版）.北京：人民出版社，2017：357.

"要尽可能地耐心对待他们的错误"①，在逐步纠正青年缺点的过程中绝不能采用对待资产阶级敌人的阶级斗争做法，而是应善于通过当下正确的新道路、妥当的新方式、适宜的新环境对青年开展说理教育。列宁在提议增补青年"笔尖"为《火星报》编辑部成员时，不但看到了他的才华、信念与干劲，而且回应了其他老成员的顾虑，提出了改进他现有不足的具体措施。列宁对待青年的诸多主张和做法，充分展现了他极力爱惜人才、尤为看重青年、特别理解青年、耐心培养青年的崇高情怀。

列宁主张"对青年人应当宽容"②，但这绝不是纵容，更不是讨好，应在必要之时对青年犯下的错误进行"同志式的批评"③。例如，列宁充分肯定了《青年国际》杂志是优秀的青年机关刊物，但也细心指出了其在理论上的几点错误，主要体现在忽视军事斗争在无产阶级革命的重要作用、对"国家"这一概念的非马克思主义理解和缺乏对全世界社会主义运动中各基本派别的鲜明对比。他对这些错误观点一一进行了细致的剖析和有力的反驳、澄清，帮助刊物在理论上变得更加明确且坚定。除此之外，列宁并不担心青年在革命一开始缺乏必要的训练和锻炼，党大胆起用青年的做法总体上是利大于弊的。一方面，由于青年缺少实际斗争经验，一旦不为党所用而

---

① 列宁.青年国际（短评）[M]//列宁全集：第28卷.2版（增订版）.北京：人民出版社，2017：288.

② 列宁.致费·埃·捷尔任斯基[M]//列宁全集：第48卷.2版（增订版）.北京：人民出版社，2017：81.

③ 列宁.青年国际（短评）[M]//列宁全集：第28卷.2版（增订版）.北京：人民出版社，2017：288.

落入沙皇政府和机会主义派别手中，将会产生"五倍的危害"①；另一方面，青年可以在今后的挫折中获得经验、接受教育、更加成熟，未来会以一大批青年干部的涌现作为"百倍的报偿"②。

（三）严格"吸收"以及帮助"年轻的党员成长"

青年靠近党、选择党，这是对身处政治活动中进步青年的必然要求，是无产阶级政党汲取新生力量的重要源泉，也是在组织上加强培养和教育青年较为直接的方式之一。早在夺取政权的过程中，列宁就特别强调要通过吸收青年的办法来扩大党的组织力量，调动起积极的青年队伍，动员他们深入到各个阶层中开展革命战斗工作。此外，还要结合青年活跃在多种工作组织的实际，"扩大一切党组织的通常范围"③，更加广泛、灵活且牢固地设置党组织。在青年入党问题上，列宁认为要"把青年中……的同情者吸收到党内来"④，这也是后来俄共（布）预备党员制度的雏形。与此相适应，规定了更加严格的入党条件，不满 20 岁的青年入党必须经过共青团。这些做法，既是在夺取政权之后对党内出现的一些利己不良分子所采取的果断措施，又是在实践中不断考察年轻人加入党组织信念是否坚

---

① 列宁.致亚·亚·波格丹诺夫和谢·伊·古谢夫［M］∥列宁全集：第 9 卷.2 版（增订版）.北京：人民出版社，2017：229.

② 列宁.在全俄中央执行委员会、莫斯科苏维埃和全俄工会代表大会联席会议上的讲话［M］∥列宁全集：第 35 卷.2 版（增订版）.北京：人民出版社，2017：417.

③ 列宁.新的任务和新的力量［M］∥列宁全集：第 9 卷.2 版（增订版）.北京：人民出版社，2017：286.

④ 列宁.在莫斯科党委会议上关于组织同情者小组的两次讲话：记录［M］∥列宁全集：第 35 卷.2 版（增订版）.北京：人民出版社，2017：45.

定的正确之举，有利于更加维护好和巩固好党的队伍的纯洁性。

　　青年入党的各环节要严格认真把关，入党后的继续教育同样不能忽视。列宁认为，青年党员应该是坚毅和坚韧的，需要借助研究"整个国际马克思主义文献中的优秀作品"①，以加深自身的理论水平和阶级觉悟，早日成长为一名共产主义信仰的真正力行者、建设共产主义的自觉干部。在文化领域切勿急躁冒进，他强调"年轻的……共产党员应该牢牢记住这一点"②。列宁十分认可广大青年党员在革命之初为党做的大量工作，提出"要最迅速、最有效和最切实地帮助这些年轻的党员成长"③，使得青年党员不断提高自身阶级觉悟，密切同农民群众的联系，以能够胜任最为重要的职务，成为建设共产主义的后备干部。他曾告诫身在国外的青年党员，避免沾染上坏习气，不能随意听信他人，加强自我监督和相互监督，要坚决制止和消除无谓争吵、是非不分的企图。列宁还曾专门通过电话口授中央清党委员会的有关同志，向其说明他很熟悉的一名被开除党籍的青年党员及其家人④的实际情况，避免无辜党员遭受打击。

---

　　①列宁.再论工会、目前局势及托洛茨基同志和布哈林同志的错误：辩证法和折中主义."学校"和"机关"［M］//列宁全集：第40卷.2版（增订版）.北京：人民出版社，2017：295.

　　②列宁.宁肯少些，但要好些［M］//列宁全集：第43卷.2版（增订版）.北京：人民出版社，2017：382.

　　③列宁.就党代表大会的筹备工作给俄共各级组织的信［M］//列宁全集：第38卷.2版（增订版）.北京：人民出版社，2017：161.

　　④这里"青年党员"指的是娜捷施达·谢尔盖耶夫娜·阿利卢耶娃（曾在人民委员会办公厅工作），"家人"是她的父母和姊妹。这一家人在十月革命前夕给予处在危险境地的列宁以极大帮助，同时也为党做了许多工作。参见列宁《致彼·安·扎卢茨基和亚·亚·索尔茨》一文，《列宁全集》第52卷，人民出版社2017年版，第134—135页。

二、将青年教育寓于社会生活实践中

在列宁看来，理论与实践的完全脱节，是资本主义旧社会最大的祸害和最令人厌恶的特征之一。资产阶级教育向青年描绘的书本知识假象与现实生活情况不一致，甚至背道而驰，这种"书本式教育"根本无法培养出人格健全的青年。列宁则提倡对青年进行理论与实践相结合的无产阶级教育。这种教育方式能够让青年在社会生活中深化对共产主义知识的掌握，懂得共产主义不是口号和教条，而是生动革命实践的科学总结，有利于将其融会贯通地运用于解决日后面临的各种困难与挑战。

（一）与"工农的共同劳动"实践相结合

"年青一代的教育和生产劳动的结合"①，这是迈向共产主义社会的必经之路，也是推进现代青年教育和科学技术共同发展的必然要求。共产主义社会的标志之一就是资源的公共性和劳动的共同性。青年在蜕变成长为一名真正共产主义者的历程中，积极参加与"工农的共同劳动"②的火热实践则是重要关卡。资本主义旧社会的劳动状况极为糟糕，人人只为自己单独劳动，不关心年老的和生病的人，妇女也惨遭压迫和奴役，承受着繁重琐碎的家务。列宁号召广

---

① 列宁. 民粹主义空想计划的典型：谢·尼·尤沙柯夫《教育问题》[M] //列宁全集：第2卷. 2版（增订版）. 北京：人民出版社，2013：463.

② 列宁. 青年团的任务（在俄国共产主义青年团第三次代表大会上的讲话）[M] //列宁全集：第39卷. 2版（增订版）. 北京：人民出版社，2017：345.

大青年特别是青年团员，团结起来开展有组织的主动劳动，从而帮助党根除占有别人劳动的地主阶级和资本家阶级。青年从事的共同劳动是广泛且具体的，如组织青年工人开展学习，将自己学到的文化知识传递给工人阶级，启发他们的阶级觉悟；又如到农村和城市街道的各家各户，协助村民、居民搞好清除垃圾的基本卫生工作和分配食物等其他工作。

作为伟大创举的"共产主义星期六义务劳动"，高度展现了俄国劳动人民，特别是劳动工人的首创精神和英雄主义。他们不顾个人的饥饿和劳累，为全社会进行非强制且自愿自觉的、无报酬的和大规模的劳动，促进了国家工农业和运输业等行业劳动生产率的极大提高，起到了真正以实际行动支援国家、纯洁党的队伍和摆脱经济破坏的重要作用。列宁将之视为"共产主义的实际开端"[1]和"真正共产主义幼芽"[2]，这种劳动在理论维度、实践维度与世界维度所反映出的价值，极为难能可贵。列宁指出，要使青年从小就开始"在自觉的有纪律的劳动中受教育"[3]，这是未来建成共产主义社会的希望所在。无论劳动任务如何艰巨，青年都要发扬不怕脏、不怕累的精神，让人民亲眼见证"每个青年都去参加星期六义务劳动"[4]，

---

[1] 列宁.伟大的创举（论后方工人的英雄主义。论"共产主义星期六义务劳动"）[M]//列宁全集：第37卷.2版（增订版）.北京：人民出版社，2017：19.

[2] 列宁.伟大的创举（论后方工人的英雄主义。论"共产主义星期六义务劳动"）[M]//列宁全集：第37卷.2版（增订版）.北京：人民出版社，2017：20.

[3] 列宁.青年团的任务（在俄国共产主义青年团第三次代表大会上的讲话）[M]//列宁全集：第39卷.2版（增订版）.北京：人民出版社，2017：346.

[4] 列宁.青年团的任务（在俄国共产主义青年团第三次代表大会上的讲话）[M]//列宁全集：第39卷.2版（增订版）.北京：人民出版社，2017：345.

早日锤炼、养成并树立新的共产主义劳动本领、劳动习惯和劳动风气。

（二）不能脱离"沸腾的实际生活"实践

列宁认为，如果青年教育"与沸腾的实际生活脱离"[①]，那将是无法被信赖的。教育与生活的相互勾连，不仅可以使青年获得书本知识无法提供的直接生活经验，还将动员青年进行资产阶级全部生活方式的共产主义改造。列宁将青年的实际生活主要分为政治生活和日常生活两类。在政治生活领域，随着沙皇专制制度与各个社会阶层的深层次矛盾逐渐被激发出来，不断引起政治冲突，青年特别是青年学生在这一过程中纷纷确立了自己的政治派别，部分进步青年展示出参与革命运动的强烈意愿。战争状态下的现实生活是"沸腾的"，从加速政治动员的角度上来说，"战争时期几个月抵得上平时几年"[②]，具有社会主义政治倾向的青年能够迅速提高政治觉悟、经受政治历练，身上的革命性也会得到极大的锻造和提升。接受无产阶级领导、基本由工农劳动人民组成、真正符合普遍全民利益的民兵组织，同样能通过言语、行动和工作来"吸引少年男女参加政治生活"[③]，便于对他们开展军事教育，并号召其参与一切国家事务。

---

① 列宁.青年团的任务（在俄国共产主义青年团第三次代表大会上的讲话）[M]//列宁全集：第39卷.2版（增订版）.北京：人民出版社，2017：342.

② 列宁.破产的征兆[M]//列宁全集：第6卷.2版（增订版）.北京：人民出版社，2013：260.

③ 列宁.远方来信：第三封信 论无产阶级民兵[M]//列宁全集：第29卷.2版（增订版）.北京：人民出版社，2017：42.

在日常生活领域，"青年人特别需要生活的乐趣和朝气"①。在性道德问题上，当时部分青年因信奉"一杯水主义"理论，在思想和行为上衍生出了一系列混乱现象。列宁对此进行尖锐批评并强调，这一理论实质上是资产阶级文化道德落后性的表现之一，是非马克思主义的和反社会的错误观念。他进一步指出，无产阶级的恋爱观不鼓吹禁欲主义，但也坚决反对资产阶级所宣扬的"肉欲解放"，要突出恋爱的社会性和责任感，提倡青年人树立正确的道德观念，形成健康的恋爱心理。更为重要的是，青年在生活中要将目光更多地投向其他美好事物。一是要加强有益于身心健康的各种体育锻炼，如参加体操、游泳、远足等体育运动；二是要培养能够发展智力的众多兴趣，如开展学习和调查研究，立志成长为一名兼具健全身体与健全精神的无产阶级优秀青年。

（三）要联系"日常各方面的工作"实践

未来的共产主义社会是由积极主动参与建设的工作者而组成的社会。列宁再三强调，必须更加广泛和大胆地吸收青年参加工作，他们将在工作中培养自身的责任感并有所收获。这是由于共产主义的全部知识都与"日常各方面的工作"②相联系，如果离开实际的工作去领会共产主义，那么会变得毫无价值。培养共产主义青年的主旨之一，就是让青年在工作实践中贯彻共产主义精神，把个人精

① 克拉拉·蔡特金.笔记摘抄［M］//回忆列宁：第5卷.侯焕闳，译.北京：人民出版社，1982：46.

② 列宁.青年团的任务（在俄国共产主义青年团第三次代表大会上的讲话）［M］//列宁全集：第39卷.2版（增订版）.北京：人民出版社，2017：330.

力全部贡献给公共事业，摆脱过去只为自己工作的消极局面，做到为集体利益服务并取得实绩，早日将自身锻炼成为一名真正的共产主义青年。在革命早期，列宁就主张寻求一批忠实于组织且会工作的"青年助手"，放手让他们暂时接替革命工作中的部分高级职务，并在日后继续指导和检查青年们的工作情况。以此，通过参与工作的方法来教育和提高青年，培养出了一大批无产阶级的后备力量。

列宁主要以扫除文盲、发展和改善城郊菜园的工作为例，说明了借助日常工作对青年开展共产主义教育的意义和具体做法。一是扫除文盲的工作。沙皇专制制度下的近八成青年因无法获得教育而注定成为文盲，接受教育仅是少数富人和地主的特权，这种现象在农民家庭当中表现得更为严重。列宁认识到绝不能让愚民政策在苏维埃俄国继续残存下去，但扫盲工作具有艰巨性和长期性，改变现状仅依靠国家命令、党的口号还远远不够。他要求青年特别是青年团员要努力学习和掌握各种知识，到农村中帮助更多的青年，久久为功，努力实现"这代青年中不再有文盲"①的目标。二是发展和改善城郊菜园的工作。深陷国内战争的新生政权面临着粮食短缺的困境，人民饱受饥饿苦恼。列宁认为，觉悟的青年团员有义务支援菜园的工作，变革旧的耕作方式，增加菜园数目、扩大播种面积、提升种植成效，带领更多青年从事这项具有共产主义精神的工作，让劳动工农对青年的固有观念、对工作的陈旧印象有所改观，努力赢得他们的普遍尊敬。

---

① 列宁．青年团的任务（在俄国共产主义青年团第三次代表大会上的讲话）［M］//列宁全集：第 39 卷 .2 版（增订版）.北京：人民出版社，2017：344.

三、将青年教育置于无产阶级斗争中

斗争精神是列宁革命人生的鲜明政治底色。他为了争取人民的解放、权利和自由，将社会主义国家的红色旗帜矗立于世界，勇敢带领俄国人民同专制制度、非布尔什维克政党、非马克思主义派别的错误思潮、官僚主义风气等进行持久不懈的顽强斗争。包括青年教育在内的整个国民教育事业自然也成为无产阶级斗争的重要组成部分，贯穿着伟大的斗争精神。列宁围绕青年参与革命斗争的原因、路径和目标等三个方面，论述了培育青年斗争精神的新式方法与具体实践。

（一）应当确信"整个斗争的结局都将取决于青年"

共产主义伟大事业的奋力实现，要历经彻底的革命、勤勉的建设等诸多波折与磨难，不可避免要进行一番艰苦卓绝的斗争。发生于列宁时代的各种斗争，归根结底是无产阶级与资产阶级之间的阶级斗争。列宁将阶级斗争的主要内涵概括为：推翻沙皇专制制度，赶走地主，打倒资本家，铲除剥削者，最终消灭资产阶级。阶级的最后消亡带有长期性、复杂性、艰巨性等特点，需要无产阶级革命政党与陈腐的旧事物展开斗争，而恰恰总是崇尚革新的"青年首先投身到忘我斗争中去"①，成为党的未来和希望。然而党内还是出

---

① 列宁.孟什维克主义的危机［M］//列宁全集：第14卷.2版（增订版）.北京：人民出版社，2017：161.

现"人才很多又很缺"的矛盾论调，这主要在于"尾巴主义"分子忽视了大批青年效劳革命工作的积极性和主动性，背离了无产阶级富有首创精神的革命本性。列宁强调"整个斗争的结局都将取决于青年"①，必须吸收青年参加工作，壮大党的组织力量，培养党所需要的青年人才，抛弃党内过往残存的因循守旧、陈规老套、论资排辈等不良习气。

青年"不仅参加斗争，而且取得胜利"②，这是列宁在瑞士面向当地青年工人发表演讲时送出的美好祝愿和殷切期望，体现出青年既决定着斗争结局，又有能力将斗争结局推向胜利的一边。一方面，"青年"指的是瑞士、俄国等全世界各国积极参与社会主义运动的优秀青年。另一方面，"斗争"指的是未来由青年主导的伟大革命斗争。列宁在此所要突出说明的，是由1905—1907年俄国革命斗争而引申出的国际意义。俄国革命是一根"导火线"，必会点燃亚洲、欧洲乃至全世界落后国家人民的斗争火焰。在下一场革命的斗争，无论是革命性质、领导力量还是争取内容，都应被烙上鲜明的无产阶级印记。青年要认真吸取俄国革命的经验教训，采取更加先进的斗争手段和方法，彻底展现无产阶级的惊人潜力。

（二）让青年在"无产阶级斗争的环境中受到锻炼"

列宁利用青年天然置身于斗争环境的社会现实，分析了青年将

---

① 列宁. 致亚·亚·波格丹诺夫和谢·伊·古谢夫 [M] // 列宁全集：第9卷 .2版（增订版）. 北京：人民出版社，2017：228.

② 列宁. 关于1905年革命的报告 [M] // 列宁全集：第28卷 .2版（增订版）. 北京：人民出版社，2017：333.

经受斗争环境的多方位影响，回答了在斗争环境中开展青年教育的可行性，表明了要让青年在"无产阶级斗争的环境中受到锻炼"①。20世纪初的俄国，城市出现大量的工人政治罢工、游行示威，农村不断发生农民暴动，人民开始释放着被专制政府长期压迫的强烈不满，加之对外战争失败给国家带来的沉重苦难，促使爆发了资产阶级民主革命。革命规模和形势的急剧变化，使得扩大党的组织基础，创立更多广泛、灵活、牢固组织的任务比以往变得更加迫切。列宁提出，解决革命任务的新办法，就是加强对新涌现出革命力量的政治领导，从书本讲授转移到切实的军事行动上来，让觉悟青年"从事变中学习，在战争中学习"②。"在战斗中教育"③成为日后培养无产阶级青年的新的教育方法。

列宁认为，应该在三重具体的斗争环境中提升青年的共产主义觉悟。一是父母遭受压迫的生活环境。在农村的农户中，童工的使用数量和生活状况的艰苦程度成正比，农民及其子女做着最为繁重的农活，忍受着地主和资本家最为深重的压迫，随时面临着死亡的威胁。参与城市工人的阶级斗争，将是童工成长为青年之时唯一正确的自觉选择。二是担负斗争任务的困苦环境。当青年从阶级斗争的见证者变为无产阶级斗争的参加者，就能够更加切身感受到同剥削者进行斗争的不易与痛苦。当沙皇专制制度下进步青年学生的正

---

① 列宁.苏维埃政权的成就和困难[M]//列宁全集：第36卷.2版（增订版）.北京：人民出版社，2017：60.

② 列宁.《新的任务和新的力量》一文材料：《当务之急》一文提纲[M]//列宁全集：第9卷.2版（增订版）.北京：人民出版社，2017：390.

③ 列宁.《新的任务和新的力量》一文材料：《新的任务和新的力量》一文要点[M]//列宁全集：第9卷.2版（增订版）.北京：人民出版社，2017：396.

当要求遭到冷漠官吏的不公对待和无端指责时，会让青年认识到赢取斗争胜利要获得人民的支持。三是保卫斗争成果的牺牲环境。无产阶级专政时期的苏维埃俄国，使青年体会到新制度带给国家和自身的巨大进步影响，但是面对国内外敌人的疯狂反扑，许多承担和平建设任务的工作者被迫暂时离开国家管理岗位，与红军队伍一同奔赴支援前线战场。青年就是在如此极为紧张的斗争环境中，受到先进阶级为保卫革命胜利果实而无惧牺牲的英勇举动的鼓舞和感召。

（三）通过斗争"学习共产主义""成为自觉的人"

动员青年参与无产阶级斗争的归宿，是达成训练、培养和教育青年的目的。列宁强调，青年人只有把接受教育过程中的每一个步骤，都联系、结合并服从于"参加全体劳动者反对剥削者的总斗争"①，"学习共产主义"②的目标才能得以实现。可见，加入斗争是掌握共产主义理论的必经之路，体现着共产主义书本知识的真理实践，可以加深青年对共产主义的立体理解。利用战争时期的客观实际，采用教育青年的新方法——充满无产阶级精神的军事行动，开拓"另外一种学习：参加战斗"③的新途径来培养青年，会比以往单一的授课形式产生更加巨大的直接现实意义。无产阶级革命斗争活动作为鲜活的现实教材，可以进一步向青年讲明马克思主义理

---

① 列宁.青年团的任务（在俄国共产主义青年团第三次代表大会上的讲话）［M］//列宁全集：第39卷.2版（增订版）.北京：人民出版社，2017：342.

② 列宁.青年团的任务（在俄国共产主义青年团第三次代表大会上的讲话）［M］//列宁全集：第39卷.2版（增订版）.北京：人民出版社，2017：342.

③ 列宁.《新的任务和新的力量》一文材料：《新的任务和新的力量》一文的笔记和提纲［M］//列宁全集：第9卷.2版（增订版）.北京：人民出版社，2017：393.

论的精深洞悉力和实践转化力，使青年对共产主义学说更为信服、更加坚守、更具忠诚。

在无产阶级斗争的进程中，青年不但深刻领悟了共产主义的本质内涵，而且不断将之内化为理论坚持、外化成自觉行动。"事变在教育人……斗争在教育人"①，真正的教育就在于让青年参加革命斗争，加快青年的阶级觉醒，增强青年的政治觉悟。列宁指出，共产主义青年的觉悟，单单靠仇恨旧社会是不够的，还需要满足下列三个条件。一是锻炼意志，成为"有毅力"的青年。人民意志的统一是赢得斗争胜利的关键，而国家意志的松散必然会导致共产主义事业的失败。二是提高能力，成为"有本领"的青年。能力的提升以增长智力、拓宽眼界为前提，学识丰富的头脑将为斗争走向最后的成功胜利提供正确的策略支持。三是练就胆量，成为"有决心"的青年。阶级间的斗争残酷且无情，必须充满坚定不移的无畏信念，拥有付出牺牲的果敢勇气。青年一代正是在"同资产阶级作殊死斗争中已开始成为自觉的人"②，逐步具备了一名真正的共产主义者应有的高度纪律性、团结凝聚力、良好教养度。

---

① 列宁.《新的任务和新的力量》一文材料:《当务之急》一文的修改提纲 [M] // 列宁全集:第 9 卷 .2 版（增订版）. 北京: 人民出版社，2017: 391.

② 列宁.青年团的任务（在俄国共产主义青年团第三次代表大会上的讲话）[M] // 列宁全集:第 39 卷 .2 版（增订版）. 北京: 人民出版社，2017: 341.

第五章
列宁关于青年教育的特色创造

　　列宁青年教育理论，全景式地展现了列宁在领导无产阶级革命和社会主义建设的征程中，持续深入探索实施适合革命需求和国情特点的青年教育内容与方法，揭示了社会主义国家开展青年教育的现实问题和解决方案，为世界范围内其他社会主义国家的青年教育理论与实践贡献了宝贵且丰富的经验，创造了在夺取和捍卫社会主义政权背景下青年教育的多个第一次。作为世界上第一个社会主义国家，苏维埃俄国的青年教育充满了自身特色，这一特色不但彰显了独特的俄国式青年教育意味，而且体现出独特的社会主义色彩，二者的结合共同绘就了国际共产主义运动中青年教育的华彩图景。具体而言，一是列宁在面向青年群体和青年组织的讲话中，首次提出了"共产主义道德"的全新概念，开辟了马克思主义道德形态的新境界。由此，列宁建构起的共产主义道德及其教育理论体系的重大影响，已经远远超出青年教育的范畴，成为社会主义国家发展道德教育事业的行动指南。二是列宁敏锐关注到首创和兴起于人民群众中间的"共产主义星期六义务劳动"伟大创举，将其运用并开发为进行青年教育的创新载体，打造了社会主义国家劳动育人的实践样板，开创了发挥劳动树德的道德教育功能的历史先河。三是列宁将青年的成长和进步同党的前途与命运紧密联系在一起，从培育党的后备军、建设者和接班人的战略高度，亲自擘画了社会主义国家内部青年教育的崭新行动方略，以革命领袖的责任担当意识和历史主动精神，指导成立了帮助党教育青年的俄国共产主义青年团，为青年教育谋划了组织保障。

一、首次提出引领青年教育的"共产主义道德"标志性全新概念

道德作为一种对"善"的追求和实践，为人类社会提供了精神性价值的存在依据，在阶级社会反映出意识形态属性。列宁在领导建立和巩固世界历史上第一个社会主义国家的进程中，深刻认识到仅仅依靠军事手段夺取政权是远远不够的，必须更为广泛地凝聚起劳动工农对于社会主义和共产主义的认同，动员获得新生的劳动人民积极参与国家建设，使他们摆脱资产阶级社会旧有的道德传统、心理和习惯，从而真正在政治上和思想上产生对苏维埃俄国的归属感。因此，列宁从对资产阶级道德的深入分析和批判入手，有针对性地首次提出"共产主义道德"这一科学概念，为深化共产主义道德认识、推进共产主义道德实践、培养共产主义道德新人作出了重大贡献，产生了深远影响。列宁着眼长远、心系未来，将青年作为共产主义道德教育的重点对象，以此为切入点和突破口，高度精辟地论述了以青年为显著代表的各类教育对象应具备的共产主义道德品格。他强调，"应该使培养、教育和训练现代青年的全部事业，成为培养青年的共产主义道德的事业"①，表明了社会主义国家培

---

① 列宁.青年团的任务（在俄国共产主义青年团第三次代表大会上的讲话）［M］∥列宁全集：第39卷.2版（增订版）.北京：人民出版社，2017：338.

养现代青年的总任务和总目的，就是围绕共产主义道德来展开和归结的，对青年的各类组织和培养活动都履行和体现着鲜明的共产主义道德要求。

（一）明确代表无产阶级利益的青年共产主义道德教育立场

对青年进行符合无产阶级利益的道德教育，首先应通过批驳资产阶级在道德问题上对贫苦工人利益的歪曲和遮盖，进而揭穿资产阶级道德本来的虚假面目，深刻揭露其固有的本质特征，提出与之相针对的无产阶级道德利益原则，为共产主义道德的确立和出场奠定坚实阶级基础。

1. 欺骗性是资产阶级道德的谋利特征

利益是道德的基础，然而这种利益应当被如何理解，它的利益主体和利益性质由谁来代表，这是列宁剖析当时俄国道德类型所关注的根本问题。列宁坚持马克思主义的基本观点，厘清道德等意识形式与社会关系的因果逻辑，申明社会物质生活对于社会道德意识的决定性作用，将唯物主义作为客观的划分标准，用"物质的社会关系"替代"意识的社会关系"，并认为生产关系是社会关系的归因，生产力又是生产关系的归结，确证了社会形态的更替是一个自然的历史过程，同时也产生与之相适应的上层建筑。因此，"个人的社会活动"才能够最为真实地影响个体的"思想和感情"和相应的生活方式、生活习惯和生活爱好。

遵循这一理论，生产力的进步使得以土地为标志的农奴制度发展至以工厂为标志的资本主义制度，资产阶级的道德也就自然取代了农奴主的道德。但资产阶级依靠压榨工人劳动、剥削压迫工人赚取剩余价值的做法，不断激化着阶级间的矛盾，决定着资产阶级道德仅仅在维护自身的既得利益，无法也不能代表工人阶级和无产阶级的正当利益和道德理想。正是在这个意义上，列宁指出资产阶级道德是带有强烈欺骗性的道德，它是"为了地主和资本家的利益来愚弄工农，禁锢工农的头脑"①。资产阶级道德的欺骗性就表现在，他们善于用所谓自由、平等、博爱、人权的幌子来修饰自身面孔和外表，但当工人提出改善劳动条件、缩短工作日等现实诉求时，就触及了这一带有欺诈手腕性质道德背后的制度因素，暴露出资产阶级华丽辞藻的迷惑性与伪善性。

在新生的苏维埃政权建立之后，资产阶级道德的变种还在一定程度上有着传播市场，扰乱着无产阶级道德的建设，最为典型的则是"'一杯水'主义"②理论。"一杯水"主义是资产阶级腐化思想在恋爱和婚姻道德上的表现，极力鼓吹肉欲的绝对解放，忽视两性关系的文化特征和社会责任，放弃道德通过舆论和风俗等手段对社会关系的调节功能，是对社会主义社会的恋爱自由道德观的曲解与疏离。从根本上说，资产阶级道德的这种表现是同资产阶级意识形态相勾连的，也迫切要求新生政权进行无产阶级的道德革命，将旧有资本主义社会制度残余的错误思想彻底清除干净。

2. 阶级性是共产主义道德的出场逻辑

---

① 列宁.青年团的任务（在俄国共产主义青年团第三次代表大会上的讲话）［M］∥列宁全集：第39卷.2版（增订版）.北京：人民出版社，2017：338.

② 蔡特金.笔记摘抄［M］∥回忆列宁：第5卷.侯焕闳，译.北京：人民出版社，1982：45.

利益的冲突和对立逐渐分化为不同的阵营，各自的阵营都在最大限度维护自身的利益免遭损害，在政治上则表现为无产阶级和资产阶级两大阶级阵营的对垒，同时也就相应产生了符合各自利益要求的无产阶级道德和资产阶级道德。资产阶级善于从资本主义利益最大化的角度出发，将农民为求得生存被迫省吃俭用的行为称为"美德"，却把贫困农民反抗压迫的行动视为"道德堕落"，目的无非是想麻痹被压迫者的自我认识和遮盖农民在资本主义社会中低下的社会地位。列宁则确认了"我们的道德完全服从无产阶级阶级斗争的利益"①，无产阶级道德正是在保证无产阶级利益的基础上所引申出来的道德，代表着无产阶级的道德取向和道德性质，阶级属性成为无产阶级道德确立的依据。

在对阶级概念的理解上，列宁认为，阶级就是社会上一部分人对另一部分人劳动的非法占有。地主阶级与农民阶级的划分就是社会上的一部分人占有了全部土地；资产阶级和无产阶级的区别在于资本家占有了工厂、股票和资本，而无产者却只能被迫在这样的工厂里做工。同时，列宁进一步指出，在形式上对于地主和资本家的驱逐赶走较为容易，而真正在实际工作中消灭阶级却无比困难，需要一个长期的历史过程才能得以实现，这就需要无产阶级构筑起谋求自身利益的道德，使之不断维护无产阶级专政的制度，加强对工农的社会主义改造，为社会主义国家的革命和建设服务。

在阶级社会中，人们正是在阶级关系的比较中，明晰了所处阶

---

① 列宁.青年团的任务（在俄国共产主义青年团第三次代表大会上的讲话）[M]//列宁全集：第 39 卷 .2 版（增订版）.北京：人民出版社，2017：338.

级能够代表和维护的利益主体，获得了符合本阶级利益的关于何谓善、何谓恶的基本道德观念。在列宁看来，如果每个"社会活动家"都能够立足社会现实，并以客观的态度分析各阶级之间的关系，必然会产生个人的阶级立场和道德感受，为本阶级的胜利感到高兴，对其他阶级对本阶级的敌视表示愤怒，不存在完全脱离价值判断和情感关联的阶级分析。资产阶级将"解放主义"作为"阶级利益的真理"①，鼓励和宣扬人们要相信不进行抗争就可以得到解救的奇迹。列宁在对这一政治口号的批判中，拆穿了资产阶级的欺骗性和虚伪性，强调"吹牛撒谎是道义上的灭亡，也势必引向政治上的灭亡"②，并指出资产阶级政治鼓动的实质在于使人民失去取得革命胜利的机会和愿望，诱导无产阶级群众投靠资产阶级敌人。

3. 斗争性是共产主义道德的在场指向

列宁正是看到了资产阶级道德对于维护本阶级利益本质的粉饰和伪装，鲜明提出了要从阶级立场出发，创造属于并符合无产阶级阶级利益的无产阶级道德，以此争取劳动人民的独立、自由和解放，进而最终实现人的全面发展的道德理想。而要实现这一道德理想，就必须通过无产阶级同资产阶级之间的阶级斗争，"共产主义道德是为这个斗争服务的道德"③，阶级斗争的目标指向就成了无产阶级道德的努力方向。

---

① 列宁 . 决不要撒谎！我们的力量在于说真话！　给编辑部的信 [M] // 列宁全集 : 第 11 卷 . 2 版 (增订版) . 北京 : 人民出版社，2017 : 330.

② 列宁 . 决不要撒谎！我们的力量在于说真话！　给编辑部的信 [M] // 列宁全集 : 第 11 卷 . 2 版 (增订版) . 北京 : 人民出版社，2017 : 331.

③ 列宁 . 青年团的任务（在俄国共产主义青年团第三次代表大会上的讲话）[M] // 列宁全集 : 第 39 卷 . 2 版 (增订版) . 北京 : 人民出版社，2017 : 340.

在阶级斗争的内涵上，列宁根据不同的历史条件和现实情况，将无产阶级的阶级斗争含义作出了两种解释：一种是在无产阶级夺取国家政权前，阶级斗争的主要任务是在推翻沙皇专制制度，赶走地主，打倒代表资产阶级利益的资本家；另一种则是在无产阶级夺取国家政权后，这时阶级斗争的作用方式和实现形式发生了显著变化，主要围绕如何捍卫和巩固新生苏维埃政权的中心任务，防范剥削者在意识形态领域和军事领域的趁机渗入和进攻，应最大程度凝聚工农群众的广泛力量，提出国家发展的一切利益都要服从于阶级斗争的现实需要。

道德也正是在这两种不同的历史条件下，具有了不同的特定含义。苏维埃俄国建立之前，代表无产阶级利益的道德称之为无产阶级道德，这是与资产阶级道德进行博弈较量的过程中，争取本阶级利益和进行现实斗争的道德表现。而在社会主义国家建立之后，无产阶级道德则相应发展为共产主义道德，更加凸显无产阶级的道德理想指向，价值目标是将人民带向更加美好的社会制度，奋斗方向是实现人的本质规定性的不懈追求。但是，无论是无产阶级道德，还是共产主义道德，二者都是无产阶级利益的忠实代表，都服务并服从于无产阶级的阶级斗争任务和要求。

列宁曾经指出，"全部道德就在于这种团结一致的纪律和反对剥削者的自觉的群众斗争"①。共产主义道德在阶级斗争中的具体目标，就是增强无产阶级同工农之间的团结性，以及充分训练和培

---

① 列宁. 青年团的任务（在俄国共产主义青年团第三次代表大会上的讲话）[M] // 列宁全集：第 39 卷 . 2 版（增订版）. 北京：人民出版社，2017：341.

养工农参与斗争的纪律性。一方面，共产主义道德相较于资产阶级道德，优越性就在于它高度反映被压迫工农的心声和愿望，号召他们想要打倒压迫者就必须团结起来；另一方面，在团结工农的基础上，若要真正发挥出团结奋斗的强大力量，就必须调动工农的行动一致性和高度纪律性，让因地域和工作而分散在国家各处的工农增强参与阶级斗争、阻止敌人进攻的自觉性。

（二）坚守融入社会生活实践的青年共产主义道德教育原则

列宁在明确共产主义道德的无产阶级立场过程中，确认了资产阶级道德的虚伪性和欺骗性，确证了无产阶级道德的阶级性和斗争性。以此，列宁又着手对具有无产阶级倾向和立场的青年进行关于共产主义道德教育原则的教育，继续揭示资产阶级道德的唯心史观本质，阐明无产阶级的唯物史观道德，在教育与社会生活的交互融合中把握作为实践精神的共产主义道德。

1. 资产阶级道德的本质是道德唯心主义

在苏维埃政权建立初期，俄国社会上曾流传着两类关于道德问题的言论：一类是声称无产阶级尚未形成本阶级的道德，另一类是无产阶级否定一切道德。这两类言论引起了无产阶级内部在一定范围内的思想困惑和道德迷茫，第二类言论更是资产阶级在道德领域对无产阶级的发难。当道德虚无主义思潮开始在新生的社会主义国家悄然滋生蔓延的关键时刻，列宁斩钉截铁地强调，共产主义道德是切实存在的，无产阶级有着自己的道德。他通过对资产阶级道德性质和本质的分析，既有力回击了资产阶级蓄意安插给无产阶级否定道德的罪名，又借以建构起共产主义道德的框架体系。

一方面，针对所谓无产阶级否定一切道德的言论，列宁鲜明指出，"这是一种偷换概念、蒙骗工农的手段"①。他进一步解释道，共产主义者所否定的道德决不是道德本身，无产阶级承认且需要道德的现实存在，否定的只是资产阶级意义上的道德。资产阶级却将共产主义者对资产阶级道德的否定，渲染扩大至无产阶级对任何道德的否定，这种偷换概念的手段早已被列宁识破。资产阶级在道德概念上的反复纠缠，实则是为了掩盖其蒙骗工农的谎言。列宁强调，资产阶级道德是一种超人类、超阶级的唯心主义道德，他们将道德诉诸某种神秘力量，这种力量或为上帝的意旨，或为唯心主义、半唯心主义的论调，而目的却都是为了将资本家的利益要求附于上帝等唯心主义的力量，试图遮盖住不可告人的剥削意图实质。

另一方面，列宁在揭露资产阶级道德本质的基础上，进而毫不掩饰地表明无产阶级道德的利益要求，提出了共产主义道德的科学概念，有力回击了无产阶级没有自己的道德的错误言论。共产主义道德从不假借其他名义来建立自己的道德，区别于资产阶级道德，无产阶级的道德恰恰就是立足于阶级利益和人类发展的鲜明立场，推出符合无产阶级利益的、利于工农斗争需要的共产主义道德。这种道德类型正是服务于无产阶级的阶级斗争，服务于摧毁旧的资本主义社会，服务于全体工农打倒压迫者的一切抗争，从而通过道德的社会实践，为实现人的自由而全面发展，为建立共产主义社会发

---

① 列宁.青年团的任务（在俄国共产主义青年团第三次代表大会上的讲话）［M］//列宁全集：第39卷.2版（增订版）.北京：人民出版社，2017：338.

挥出道德价值的力量。

2. 无产阶级将道德认识引入至实践场域

列宁对于道德理论的坚持捍卫与创新发展，绝不是仅仅依靠如资产阶级一般的单纯理论推演或思辨演绎，而是深入社会现实情况，紧密结合革命斗争的具体实践，实现革命理论与实践的高度统一，这也正是"战斗的列宁主义"主旨内涵的基本表现之一。在阶级社会，道德作为一种充满阶级属性的意识形态，它是对于社会现实阶级状况的反映，同时也以其特殊的社会意识能动性，创造并调节着社会的道德秩序，体现为客观理性的实践精神。列宁从认识论中的实践作用出发，将道德作为一种实践精神引入实践场域，提出道德之"善"的实质就在于"对外部现实性的要求"①，而这种"外部现实"就是实践。

从实践场域来考察和把握道德，目的是使人们的道德认识或道德意识，不但要能动地反映客观世界，更为重要的是将道德认识推向道德实践，发挥道德实践改变客观世界的功能和作用。列宁坚持实践高于认识的理论观点，不满意当时存在的资产阶级道德世界，力图通过无产阶级的道德实践打破这一格局，通过反对剥削压迫的阶级斗争，改变世界的道德版图，建立强有力的共产主义道德。实践是广泛普遍的，更具有直接现实性的美好品格，人类对于道德社会的崇高理想必须通过斗争实践将之变为现实，让精神性价值落地生根，改造资本主义社会的道德关系，同时涤荡人们内心的道德

---

① 列宁.黑格尔《逻辑学》一书摘要：主观逻辑或概念论［M］//列宁全集：第55卷.2版（增订版）.北京：人民出版社，2017：183.

境界。

列宁强调，"道德是为摧毁剥削者的旧社会、把全体劳动者团结到创立共产主义者新社会的无产阶级周围服务的"①。道德此种功用的实现，要求依靠"摧毁、团结、创立"等不同程度的实践环节要求，目的就是完成对道德认识的实践转化，动员劳动工农对无产阶级革命和社会主义建设事业的支持，在斗争过程中发扬无产阶级的大无畏精神，逐步自觉树立起崇高的共产主义道德。列宁为社会主义社会和共产主义社会绘制的道德图景，将通过客观的实践来消灭旧有道德固化的规定性，揭穿封建宗法道德和资产阶级道德的性质与核心，让这类道德外在的虚无性、欺骗性、虚伪性彻底消除，进而将道德原有的本真内涵归还给道德，并赋予无产阶级的道德要求，以完成对道德的社会主义和共产主义改造，更好服务于人的道德意识觉醒和道德能力提升。

3. 共产主义道德注重继承"文化遗产"

在俄国十月革命前后建立并发展的无产阶级文化协会，作为无产阶级的文艺活动组织，却在苏维埃政权成立初期在协会内部掀起了一股"文化虚无主义"的错误思潮。以亚·亚·波格丹诺夫为代表的"无产阶级文化派"，反映了小资产阶级分子对待文化问题的偏见，鼓吹一切既往道德文化遗产的绝对无用性，宣扬建设所谓从理论到理论的纯粹的无产阶级文化，企图走出一条割裂党的领导、摆脱群众工作、脱离现实生活的"实验室文化道路"。列宁数次对

---

① 列宁.青年团的任务（在俄国共产主义青年团第三次代表大会上的讲话）[M]//列宁全集:第39卷.2版（增订版）.北京: 人民出版社，2017: 340.

这种充斥错误观点的虚无主义思潮进行了强烈的批判，指出共产主义道德不紧密联系在此之前文化遗产的做法是行不通的，协会不承担起服务群众性文化教育工作任务的想法更是极端错误的。

列宁强调，无论是共产主义的道德、文化、思想，还是共产主义学说本身，都是对人类全部知识创造的总结与运用。马克思的理论建树和实践主张，无不是出于对人类知识总和的不断获取、对人类社会发展规律的深刻把握。只有借助人类以往产生的科学知识并经过实践的批判、探讨与检验，才能得出资本主义必然发展到共产主义阶段的判断，才能产生马克思主义的理论学说。马克思主义理论所彰显的世界观，是对革命无产阶级利益、观点与文化的直接深刻的总结和反映，它从世界历史的宏阔意义上，指引世界范围内无产阶级革命斗争取得重大进步。而现实也终将证明，对资本主义制度下诞生的人类知识抱有偏见，就无法摆脱如同资产阶级自身一样的狭隘性，终究不能得出符合人类进步与发展规律的科学结论。

正是在这个意义上，无产阶级文化绝不是空而又空、玄而又玄的理论想象杜撰，真正的无产阶级文化必须"发扬现有文化的优秀的典范、传统和成果"①，对这些文化要进行符合无产阶级文化方向的吸收、革新与改造，而不是主观臆造出纯粹全新的无产阶级文化。进一步说来，无产阶级文化必定要坚持无产阶级专政的制度方向，以革命的无产阶级意识形态——马克思主义为指导，充分汲取马克思主义文化发展的现代历史经验，遵循并借鉴人类思想和文

---

① 列宁.关于无产阶级文化：决议草稿要点［M］//列宁全集：第39卷.2版（增订版）.北京：人民出版社，2017：376.

化发展的一般规律和价值成果，从无产阶级反对一切剥削和压迫的实际斗争工作中，加深对于马克思主义世界观和文化观的深刻理解。

（三）倡导理论与现实相统一的青年共产主义道德教育策略

对待资产阶级道德不仅要在理论上作出分析、实践中进行回击，更为终极的目的是如何有效克服这一落后道德的思想残余给苏维埃俄国革命和建设事业带来的损害。因而，列宁借助批判资产阶级道德教育脱离现实的明显缺陷，提出通过理论与现实相统一的共产主义道德教育来培养一代新人。

1.脱离生活的道德教育是资本主义社会的"最大祸害"

教育的本质含义是一项培养人的现实活动，道德也天然体现为一种实践精神。而资产阶级所实行的道德教育则是刻意偏离和割断与社会实践的连接，列宁将之概括为"书本与生活实践完全脱节"①教育模式。资产阶级的道德教育模式，实质表现为缺乏道德价值实现的实践基础，消解了道德作为一种意识形态的社会存在依据，使道德成为悬浮于天地间的空中楼阁。其实，道德实践的缺失与背离是资本主义制度必然产生的固有缺陷。资产阶级道德教育的目的就是为了麻痹和哄骗人们的思想道德意识，通过单一理论向他们输入刻意描绘勾勒出的资本主义社会"美好道德图景"，而一旦将道德的理论教育与社会实践融合，就会使人们感受到理想与现实之间的

---

① 列宁.青年团的任务（在俄国共产主义青年团第三次代表大会上的讲话）［M］//列宁全集:第39卷.2版（增订版）.北京: 人民出版社，2017: 329-330.

巨大落差，暴露出资本主义社会道德实景的残败不堪，发现资产阶级为人们编造的道德谎言。

　　书本知识与现实生活的完全脱节，已然成为资本主义旧社会的"最大祸害之一"①和"最令人厌恶的特征"②。从教育目的来看，资产阶级道德教育对人们施行的是完全符合资产阶级利益要求的残酷训练，造成人们绝对的思想封闭和盲目的思想依从，让被剥削者既可以为资本家创造无限的经济利润，又能够放弃阶级意识的觉醒和阶级行为的反抗。从教育内容来看，资产阶级为掩盖对人们的阶级划分，所教授的内容自然要回避涉及社会科学的关键部分，向学生传递基于某种"绝对精神"理念的片面教学内容，强迫学生记忆和接受无用、陈旧、庞杂且僵化的知识。从教育对象来看，资产阶级学校自然是充斥着特权精神和固有偏见的学校，接受教育更多的是社会上极少数资产阶级子女的特权，将一批又一批学生"变成一个模子倒出来的官吏"③。

　　究其根本，为何资产阶级的道德教育不敢也不能将学校教育与日常生活联系起来，甚至剥夺工人阶级及其子女接受教育的权利，这是由于资产阶级极度惧怕"知识和工人的结合"④。一旦工人阶

---

① 列宁.青年团的任务（在俄国共产主义青年团第三次代表大会上的讲话）[M]//列宁全集：第39卷.2版（增订版）.北京：人民出版社，2017：329.

② 列宁.青年团的任务（在俄国共产主义青年团第三次代表大会上的讲话）[M]//列宁全集：第39卷.2版（增订版）.北京：人民出版社，2017：330.

③ 列宁.青年团的任务（在俄国共产主义青年团第三次代表大会上的讲话）[M]//列宁全集：第39卷.2版（增订版）.北京：人民出版社，2017：333.

④ 列宁.我们的大臣们在想些什么？[M]//列宁全集：第2卷.2版（增订版）.北京：人民出版社，2013：68.

级被知识的力量所武装和团结起来，并在实际斗争中找到运用理论的实践土壤，将从实质意义上撼动资产阶级的统治力。列宁在对自由主义民粹派的批判中，同样指出了即使资产阶级分子公式化地宣称"学校应该为生活培养人才"①，但他们却极力回避生活教育和学校教育本身的阶级利益分析，陷入"非阶级、超阶级"教育属性的唯心主义泥潭。

2.共产主义道德是培养和教育现代青年的"全部事业"

相较于资产阶级道德，无产阶级道德不屑于对自己的道德利益进行任何掩盖，因其是为了帮助广大工农摆脱备受剥削压迫的地位与命运，占据着真理和正义的道德制高点。列宁在领导建立无产阶级政权后，更是将共产主义道德的贯彻策略寄予教育实践活动，鲜明提出"应该使培养、教育和训练现代青年的全部事业，成为培养青年的共产主义道德的事业"②。列宁之所以做出这样的考虑和论断，源自一代人有一代人担负的历史使命的深刻思考，在资本主义社会制度下成长起来的人们，主要任务是帮助无产阶级建立和巩固革命政权，而之后的社会主义和共产主义的建设事业，则必须紧紧依靠在新的社会条件和环境下摆脱剥削关系束缚的年青一代来接替承担。因此，要在思想文化领域对青年开展共产主义道德教育，使其增强参与社会主义现代化建设事业的思想和实践自觉性。

具体而言，共产主义道德教育的直接目的是反对资本主义旧社

---

① 列宁.民粹主义空想计划的典型：谢·尼·尤沙柯夫《教育问题》[M]//列宁全集：第2卷.2版（增订版）.北京：人民出版社，2013：453.

② 列宁.青年团的任务（在俄国共产主义青年团第三次代表大会上的讲话）[M]//列宁全集：第39卷.2版（增订版）.北京：人民出版社，2017：338.

会的个人利己主义和拜金主义心理和习惯，根本目的是塑造能够接班建设共产主义社会的一代新人。共产主义道德坚决反对只顾自身私利、远离社会现实的消极观点，强调的是"大家为一人，一人为大家"①的社会主义集体主义观教育，通过劳动工农间的互帮互助和集体协作，掀起建设共产主义美好家园的新兴浪潮。以此，在新社会中营造真正建立在平等关系基础上的共同劳动氛围，这是对于资产阶级利益集团占有工人劳动罪行的再一次鞭挞，也起到了净化人们身上残留的根深蒂固的旧生产习惯的良好效果，显现了生产资料公有制的经济制度和缩小城乡差别、劳动差异等实际举措的显著优越性。

　　共产主义星期六义务劳动，是苏维埃俄国在劳动领域清退资产阶级劳动习惯和劳动风气的伟大创举，成为"共产主义的实际开端"②。面对人们长时间将劳动行为与经济利益挂钩的功利意识，星期六义务劳动则开始确立了新的社会主义社会的劳动纪律，提倡自愿自觉的、无报酬无定额的、出于公共利益考量的现实劳动，超越了权利和义务的规定性，成为当时人们普遍和主动的道德追求。在自觉劳动的过程中，人们逐渐开始具备高度的纪律性和团结性，形成自愿的无条件服从指挥的良好秩序，凝聚起建设共产主义的强大统一意志。

　　3. 共产主义道德教育是理论与实践相结合的现实训练

---

　　① 列宁 . 从莫斯科—喀山铁路的第一次星期六义务劳动到五一节全俄星期六义务劳动 [M] // 列宁全集：第 39 卷 .2 版（增订版）. 北京：人民出版社，2017：100.
　　② 列宁 . 伟大的创举（论后方工人的英雄主义 . 论"共产主义星期六义务劳动"）[M] // 列宁全集：第 37 卷 .2 版（增订版）. 北京：人民出版社，2017：19.

在列宁看来，共产主义道德教育既不是散漫的实践探索，又不是空洞的理论说教，而是基于理论付诸实践、实践证实理论的理论与实践相结合的教育路向，将教育过程中的每一个实际步骤都与无产阶级的阶级斗争联系起来。

列宁从"共产主义"一词的公共属性的词义解释出发，强调了为人们劳动、为集体工作的共产主义道德要求，认为这种道德意识和行为的培养绝不能只相信书本知识，必须动员广大工农深入生活实际，通过艰苦努力和实践创造才能获得。同时，为方便理解怎样实施共产主义道德教育，列宁还举出了诸多具体实例。一是扫除文盲的工作，资产阶级旧社会的教育覆盖面极低、科学性缺失，致使绝大部分的工农没有机会接受正规系统的无产阶级教育，而苏维埃俄国只有让尽可能多的人民识文断字，才能够为共产主义思想的传播奠定基础。二是城郊菜园的工作，战时共产主义的特殊政策使得全国的能源资源补给都集中在前线战场，人民整体生活水平较为低下，而如何提高蔬菜和粮食产量以帮助人民不再挨饿，是当时极为关键的民生温饱问题，有觉悟的共产主义者应该帮助广大工农扩大菜园的面积、提高菜园的产量、增加菜园的数目。三是城乡街道的工作，道德的自觉主动性要落实于日常的细小行动中，帮助人们清扫卫生和分配事物，是旧社会所无法想象的集体工作内容，这种参加集体劳动的组织性和社会性将极大改变旧有的"人人为自己，上帝为大家"①的恶劣道德状况。

---

① 列宁. 从莫斯科—喀山铁路的第一次星期六义务劳动到五一节全俄星期六义务劳动［M］//列宁全集: 第39卷 .2 版（增订版）.北京: 人民出版社，2017: 100.

共产主义道德教育的原则，一方面是通过动员广大青年参与统一的革命斗争实践所展现出来，在国家革命和建设中培养共产主义新人应有的团结性和纪律性，练就共产主义道德规范体系确立下来的美好品格；另一方面，党在教育青年具备道德层面的共产主义修养基础上，进而造就真正具有自觉意识的共产主义信仰者，呈现出从培养青年新的心理、行为和习惯到树立共产主义道德，再到坚定共产主义信念的进阶历程。通过共产主义道德的教育、训练和培养，造就出兼具守纪律、懂团结、有教养、强自觉、善劳动等优秀品质的新一代共产主义者，真正在无产阶级革命前辈清理出的"国家地基"上参与共产主义建设，为最终实现国家电气化和现代化的宏伟目标而拼搏奋斗。

二、首次开发青年"共产主义星期六义务劳动"教育的创新载体

1919 年，处于战时共产主义时期的苏维埃俄国，帝国主义武装干涉和国内反革命势力不断妄图将新生的苏维埃政权扼杀在摇篮之中，邓尼金军队、尤登尼奇军队、高尔察克军队等反动势力的疯狂进攻使得苏维埃俄国四面受敌。在这一期间，俄共（布）中央果断要求各级党组织和工会组织必须"用革命精神从事工作"，学会运用新的方式、方法和手段捍卫和建设国家。相较于红军前线战场，后方工人阵地的莫斯科—喀山铁路莫斯科编组站机务段的共产党员，主动发起并组织了首次"共产主义星期六义务劳动"，以自身的实际行动支持苏维埃国家取得战争的最终胜利。列宁极为重视并高度

评价了这一星期六义务劳动新形式，认为这是具有英雄主义气概的伟大创举，产生了比战胜资本主义更为重大的历史意义，创生了"生气勃勃的真正共产主义幼芽"①。很快，这种基于公共利益、不计报酬、不限定额的新型社会劳动形式在苏维埃国家大规模地发展推广起来，在当时成为一种普遍的社会风气。列宁在面向青年群体和青年组织的讲话中指出，如果工农群众"看到每个青年都去参加星期六义务劳动……那时人民就不会用从前的眼光来看待劳动了"②。可见，他主张依托新的载体对青年进行劳动教育，这种劳动教育不仅对青年自身有益，同时也将起到带动和示范全体人民共同参与社会主义社会劳动的重要作用。

（一）开展星期六义务劳动铸牢青年的劳动精神

在对"共产主义星期六义务劳动"的评价中，列宁首先对这一劳动新形式作出内涵上的概括，认为这是"个人为社会进行的大规模的、无报酬的、没有任何权力机关和任何国家规定定额的劳动"③，体现了超越当时俄国社会主义劳动形态和劳动要求的共产主义劳动精神。

1. 集体主义劳动是劳动精神的核心

列宁深知，在军事上战胜沙皇专制制度和资产阶级敌人是能够

---

①列宁.伟大的创举（论后方工人的英雄主义。论"共产主义星期六义务劳动"）[M]//列宁全集：第37卷.2版（增订版）.北京：人民出版社，2017：20.

②列宁.青年团的任务（在俄国共产主义青年团第三次代表大会上的讲话）[M]//列宁全集：第39卷.2版（增订版）.北京：人民出版社，2017：345.

③列宁.俄共（布）莫斯科市代表会议文献：关于星期六义务劳动的报告[M]//列宁全集：第38卷.2版（增订版）.北京：人民出版社，2017：38.

实现的，通过艰苦不懈的努力来巩固和捍卫新生的苏维埃国家政权的目标也是可以达成的，但要真正克服资产阶级长期形成的旧有劳动习惯和劳动心理，进而完成由社会主义劳动风气向共产主义劳动风气的转变和发展却是极其不容易的，这需要一个长久的历史过程。但是，"共产主义星期六义务劳动"所呈现出来的劳动特点，使列宁看到了先进党员和工人已经开始有意识地一起从事集体劳动，这种共同劳动是"各尽所能，按需分配"①社会主义集体主义观念的彰显，与过去资本主义社会个人主义和利己主义的劳动观念有着根本性质的差异，显示出社会主义社会的劳动新风尚和显著优越性。人们在这一劳动过程中，并不将劳动看作是必须完成的差事，也摒弃将取得一定报酬作为劳动的目的，而是将劳动当成为公共利益服务的崇高行为，从集体劳动中获得了区别于资本主义社会强制劳动的实质性劳动自由。

由此，列宁极大地增强了建设一个充满社会主义劳动习惯和劳动风气新社会的信心。在发展农业集体经济的问题上，列宁十分敏锐地察觉到，如果想使个体小农经济平稳地过渡到集体经济组织，绝不能采取农民深受其害并强烈反感的理论说教和强制措施，必须在现实实践的意义上给予农民切合自身实际劳动经验的谨慎引导。在面向全俄农业劳动生产组织联合会代表的讲话中，列宁以"共产主义星期六义务劳动"为例，向代表们说明了要想调动起农民参与集体经济的热情，党员干部可以借助在公社和劳动组合中推行这种

---

① 列宁.从莫斯科—喀山铁路的第一次星期六义务劳动到五一节全俄星期六义务劳动［M］//列宁全集：第39卷.2版（增订版）.北京：人民出版社，2017：100.

新兴的劳动形式，身体力行地向农民证明，在恶劣的经济和生活条件下，苏维埃党和政府是真切地想方设法帮助广大农民，向农民展示出共产党员的自我牺牲精神，增进先进党员在农民中的威信，展示出集体劳动协作是战胜现实困难的不竭力量。

2. 劳动榜样是劳动精神的人格化

劳动精神的展现一定要依托具有代表性的劳动模范人物，使他们成为劳动精神的人格化身，给予人们学习和践行劳动精神提供标杆参照。列宁十分重视弘扬劳动精神过程中劳动榜样的发掘和塑造问题，他在论著中曾经全文照录或部分摘引《真理报》关于"共产主义星期六义务劳动"的新闻宣传报道，其中就包括引用对劳动榜样进行评价的报道，借以指出榜样的意义和任务就在于，用自身反对资本主义剥削和压迫的英勇无畏精神，感染和带动周围深受剥削的劳动群众奋起抗争，共同来推翻和镇压资产阶级的统治和反抗，最终携手走上新的社会主义劳动道路。当然，这种英勇精神不仅体现在对于资产阶级的军事反抗，还应将之置于日常工作中的持久表现，从而获得更为深层的精神支撑力量。

同时要看到，列宁为人们树立的劳动榜样并不是难以企及和模仿的道德对象，而是具有极强的平实性和针对性的身边榜样。在发起和组织首次"共产主义星期六义务劳动"的人员中，既有党员和党的同情分子，又包括未经专业培训和生活极端困苦的粗工，但是劳动人民正是依靠强烈的劳动热情，不顾身体的疲乏和饥饿，自觉自愿且无私地为国家利益作出贡献，成为后方阵地充满革命英雄主义精神的榜样。正是由于劳动榜样所具有的崇高精神和引领意义，在为劳动榜样或劳动模范授予荣誉称号时，列宁指出必须采取审慎的态度，并加强对其实际劳动实践的考察，将"艰苦劳动和长期劳动的实际成效"①作为选树集体或个人典型的根本衡量标准，用切实的共产主义模范事迹证实劳动作为，避免因随意授予荣誉称号而造成对于光荣名称崇高本质的损害，防止人们由此对革命精神和社会主义事业产生误解。

3. 劳动节和劳动周是劳动精神的推广手段

要让一种精神被人民广泛学习和践行，必须依托行之有效的方式和手段。列宁认为，大规模推行共产主义劳动，弘扬伟大的劳动精神，利用重大节日庆典的契机是十分必要的。1920 年年初，苏维埃俄国在前线战场取得了重大的决定性胜利，有效遏制了外国武装干涉和国内的反革命叛乱，俄共（布）第九次代表大会正是在这一难得的和平时机下召开的，大会决定将当年的 5 月 1 日确定为全俄星期六义务劳动日。五一节当天适逢星期六，以党的名义在全国推行星期六义务劳动，形成了借助节日鼓励和号召劳动人民开展集中劳动的全新机制，仅在首都莫斯科就有 42 万余人参与了这次五一节义务劳动。更为可贵的是，当日早晨，身为苏维埃党和国家的革命领袖的列宁，以克里姆林宫一名普通居民的身份参加了星期六义务劳动，同军校学员一起清理建筑材料，为全体党员和全国人民作出了率先垂范的楷模和榜样行动，起到了鼓舞、激励和动员人们都来从事这一劳动的积极作用。

劳动精神的推广践行，不但体现在组织劳动节上，而且还落实

---

① 列宁.伟大的创举（论后方工人的英雄主义。论"共产主义星期六义务劳动"）[M]//列宁全集:第 37 卷 .2 版（增订版）.北京：人民出版社，2017：23.

到人民参与劳动周的行为响应中。1919 年年末，燃料极度不足的危机，成为制约当时苏维埃俄国粮食任务、军事任务和经济任务的中心难题。面对这一危机，俄共（布）中央发出通告信，号召广大劳动群众参与到开采和运送煤炭、木材等短缺燃料的任务中来。在通告信发表的第二天，就得到了莫斯科部分共产党员的热切响应，决定以星期六义务劳动的形式组织共产主义劳动"燃料周"，用参与到燃料战线的实际行动来帮助苏维埃国家渡过难关。自此，从城市到农村、军队，采运燃料周的组织工作很快扩展开来，为应对当时的燃料危机起到了极为重要的作用。

（二）借助星期六义务劳动锻造青年的首创精神

"共产主义星期六义务劳动"在内涵上直接显现了劳动精神的意味，而从意义的层面进行理解，列宁称赞这一全新劳动形式是"具有世界历史意义的转变的开端"①，因其是在推翻资产阶级剥削统治的基础上，真正从事具有无产阶级性质的劳动，体现了劳动人民的首创精神。

1. "自觉自愿提高劳动生产率"的首创精神

星期六义务劳动虽然带有浓烈的"战时色彩"，列宁也承认对这一劳动冠以"共产主义"的称号，说明现阶段还不能广泛普遍实行不计报酬的共产主义劳动，因为当时的社会制度仅仅处于共产主义的初级发展阶段，实际上是社会主义劳动占据主体地位。但也正

---

① 列宁.伟大的创举（论后方工人的英雄主义。论"共产主义星期六义务劳动"）[M]//列宁全集:第 37 卷 .2 版（增订版）.北京: 人民出版社, 2017: 18.

是由于这个客观实际，劳动人民出于捍卫国家政权的自觉自愿的星期六义务劳动才显得尤为可贵、极其难得，才称得上着实是"共产主义的实际开端"①，是向未来共产主义劳动迈进的良好开始。劳动人民发起的星期六义务劳动不仅在理论上具有重大历史意义，还在现实生活中突出表现为国家劳动生产率的极大提高，发挥出了身处后方阵地的劳动人民以实际行动支援前线战场的强大功用。在新生政权深陷国内战争泥沼的时代条件下，只有劳动生产率的显著提高，才能真正在实际上验证社会主义新制度的胜利，才能切实帮助国家尽快恢复工业、运输业和农业生产，创造出社会急需的物质财富。

首创精神的表现之一就是工人第一次开始"自觉自愿提高劳动生产率"②，尽管在星期六义务劳动初期的组织工作还不够完善，但是工人在星期六义务劳动时段从事产品生产的效率较比平时有了大幅度提高。这种带有共产主义情感的集中组织的星期六义务劳动，极大调动了工人们参与生产的高度热情和荣誉感。列宁以旋工和粗工的劳动生产率为例，指出他们的生产效率等于平时的213%—300%。第一次世界大战带给世界各国人民流离失所的悲惨遭遇，使得消除饥饿同提高劳动生产率形成连锁反应的恶性循环。而苏维埃俄国人民的劳动热情，首创了摆脱饥饿考虑的且自愿联合起来生产归全社会所有的劳动产品的星期六义务劳动，诠释了共产主义的劳

---

① 列宁.伟大的创举(论后方工人的英雄主义。论"共产主义星期六义务劳动")[M]//列宁全集:第37卷.2版(增订版).北京:人民出版社，2017:19.

② 列宁.伟大的创举(论后方工人的英雄主义。论"共产主义星期六义务劳动")[M]//列宁全集:第37卷.2版(增订版).北京:人民出版社，2017:15.

动精神。打破这一固有矛盾，依靠的就是实践基础上的"英勇首创精神来解决的"①。

2. "过渡到新的劳动纪律"的首创精神

作为具有重大意义的星期六义务劳动，其展现的首创精神还在于"过渡到新的劳动纪律"②。新劳动纪律的首创性在于，劳动工农真正开始摒弃资本主义社会旧有的利己主义心理和习惯，逐渐摆脱了懒散和保守的消极行为，开始用社会主义的纪律来规范和约束自身言行。正是在这个意义上，列宁认为这是比推翻资产阶级更为具有变革性质的伟大开端，意味着社会主义和共产主义的制度要求不断在人们心中确立和巩固起来。当然，共产主义社会的劳动纪律绝不是凭空产生或是靠意念创造的，而是基于在资本主义物质条件下经过训练和启发所成长起来的无产阶级创造的。列宁通过不同社会形态下劳动纪律的类型比较来说明这个问题，农奴制社会的劳动是地主极端欺压劳动人民的"棍棒纪律"，资本主义社会的劳动是资本家剥削压榨劳动人民的"饥饿纪律"，这两种异化的劳动纪律显示了劳动人民备受压抑和惨遭侮辱掠夺的生活状态和劳动心态。反观经过社会主义劳动并通往共产主义劳动的无产阶级劳动组织，则真正领导劳动人民推翻了地主和资本家的阶级压迫，真正使劳动人民的劳动纪律呈现出自愿、自觉、自由的本身样态。

无产阶级创生的劳动纪律，更加富有超越其纪律属性本身的社

---

①列宁.伟大的创举（论后方工人的英雄主义。论"共产主义星期六义务劳动"）[M]//列宁全集：第37卷.2版（增订版）.北京：人民出版社，2017：18.

②列宁.伟大的创举（论后方工人的英雄主义。论"共产主义星期六义务劳动"）[M]//列宁全集：第37卷.2版（增订版）.北京：人民出版社，2017：15.

会层面价值。新的劳动纪律使得人们自觉地联合起来，听从无产阶级的指挥以反抗资产阶级。同时，为建立新的社会联系提供了纪律保障，劳动人民在社会主义社会的生产条件下自觉从事生产劳动，利用资本主义的技术遗产开始大规模地进行合作劳动，永久摆脱了旧有的劳动束缚，共同助力苏维埃国家的经济建设。列宁在对《星期六义务劳动条例》草案提出的补充意见中，尤为强调了"加强劳动纪律"①应是该项工作的目的和任务之一，说明了作为全新劳动方式的星期六义务劳动，要充分调动起人们参加劳动的积极性，进而使人们在新的劳动纪律中增进相互之间的交往联系和思想关联。

3. "创造社会主义的经济条件和生活条件"的首创精神

星期六义务劳动形成的首创精神，最为根本的表现就是劳动人民试图通过自身的英勇劳动，为国家和社会"创造社会主义的经济条件和生活条件"②。从经济条件方面来看，新生的苏维埃政权刚一成立，就又一次被迫陷入战争旋涡，屡遭重创的国家经济急需恢复，而星期六义务劳动的出现，则有利于通过劳动人民自愿的共产主义劳动，帮助国家尽快摆脱经济破坏。同时，星期六义务劳动的做法恰好为广大农民从小农经济向共耕经济过渡提供典型范例说明，即从实践的真实维度显示出实行农业集体经济的好处，助推国家实现经济生产组织形式的社会主义转型。列宁认为，星期六义务劳动是社会主义劳动组织的新方法，这种新方法在一定意义上夯实了国

---

① 列宁. 对星期六义务劳动条例草案的补充 [M] // 列宁全集：第38卷.2版（增订版）. 北京：人民出版社，2017：324.

② 列宁. 伟大的创举（论后方工人的英雄主义。论"共产主义星期六义务劳动"）[M] // 列宁全集：第37卷.2版（增订版）. 北京：人民出版社，2017：15.

家的经济基础，验证了较比资本主义劳动组织的优越性，建立起新的经济关系。列宁还特别指出，无产阶级专政的实质，并不只是意味着暴力，而且在于暴力背后无产阶级独立创建新型自觉劳动关系的显著特征，同时还彰显出社会主义和共产主义经济建设新道路的力量源泉。

从生活条件方面来看，最开始投入星期六义务劳动的广大工人生活极其困苦，但他们克服自身生活条件的空前困难，义无反顾地牺牲个人利益，为社会主义事业和绝大多数人的幸福生活贡献着自己的热情与力量。工人们不顾忍饥挨饿的巨大挑战和平时工作的疲惫不堪，不分工种和职级，每周利用集中时间从事正常工作任务之外的数小时无报酬劳动，这种自愿的劳动才是超脱于生活条件的真正共产主义劳动，是在国家劳动生产率较为低下的情形下，来自基层劳动人民的自觉举动。列宁强调，社会主义的建设事业必须关注来自平凡生活的朴素行动，这种行动首先来自生活，如果还能经受住生活的检验，那将为国家建设带来极大的推动力量，星期六义务劳动就是劳动人民在实际生活中最先创造出的"最富有生命力的幼芽"①。

（三）运用星期六义务劳动培育青年的斗争精神

阶级之间的斗争并没有因取得无产阶级专政而结束，列宁认为这种斗争只不过是在新的环境和条件下的继续，是一种区别于暴力

---

① 列宁.伟大的创举（论后方工人的英雄主义。论"共产主义星期六义务劳动"）[M]//列宁全集:第37卷.2版（增订版）.北京: 人民出版社, 2017: 17.

革命斗争的更为独特和残酷斗争，是一场在社会劳动组织层面证明无产阶级能够创造较比资产阶级更高的经济生产效率的斗争。因此，在这一劳动斗争过程中，就必须"试验几百以至几千种新的斗争方法、方式和手段"①。

1. 认清资产阶级的斗争手段和方法

列宁认为，"共产主义星期六义务劳动"之所以具有更大的历史意义，是因为它既不同于帝国主义国家之间的战争，又异于无产阶级通过反对资产阶级来争取无产阶级专政的斗争，而是在社会主义这一全新的社会制度下，不断进行探索和尝试所展现出来的宝贵精神。面对社会主义国家在劳动领域的新生事物，资产阶级以其惯有的双重标准对星期六义务劳动表现出怀疑、批评和否定的态度，忽视事物产生、形成和发展的客观规律。例如，在无产阶级革命之前，资产阶级认为社会主义只是一种空想；在无产阶级革命获得胜利之后，他们却又要求社会主义国家应迅速清除过去资产阶级的所有残余。

列宁一针见血地指出，资产阶级对星期六义务劳动所抱有的这种态度，实质上反映出资产阶级的阶级斗争手段和方法。这种斗争手段和方法，一是对变革中的困难和挫折幸灾乐祸，社会主义国家建设过程中遭遇的问题和挑战，正是资产阶级愿意看到并大力炒作的；二是散布惊慌情绪，企图在人们中间引起舆论争议，混淆事实真相；三是宣传开倒车，妄图通过蒙骗工农的手段使其放弃社会主

---

① 列宁. 伟大的创举（论后方工人的英雄主义。论"共产主义星期六义务劳动"）[M]// 列宁全集: 第 37 卷 .2 版（增订版）. 北京: 人民出版社, 2017: 17.

义道路，回到资本主义的老路上去；四是"讥笑新事物的幼芽嫩弱"①，认为星期六义务劳动的开展情况同资本主义社会遗留下来的不良现象相比微不足道，这种劳动不具有任何希望；五是抱着轻浮的怀疑态度，这主要指的是资产阶级知识分子所持有的态度，对星期六义务劳动的发展趋向深度怀疑，极力贬低这一劳动组织形式的意义和价值。可见，绝大部分的资产阶级知识分子将自身的知识储备仅仅服务于资本家，丝毫不来帮助反而取笑劳动群众，他们的言行表现正是阻碍社会变革进步的因素之一。但是，列宁同时也看到了一些具有良知的知识分子在思想上的动摇，主张将这一类知识分子逐步争取到无产阶级一边，并为社会主义国家和劳动人民服务。

2.磨炼保证无产阶级胜利的斗争品质

资产阶级对于星期六义务劳动的嘲笑和指责，暴露了其看待新生事物缺乏发展的观点和眼光。列宁则告诫无产阶级要从中看到本质和规律，那就是资产阶级为了反对无产阶级，采用了多种阶级斗争的手段和方法，以达到保护资本主义的目的，他们对星期六义务劳动的反面言论，就是借以同无产阶级进行阶级斗争的一种现实表现。列宁一方面澄清了共产主义者并非空想主义者，"空想"只是资产阶级强加给无产阶级的。另一方面，列宁还阐明了诸如"共产主义星期六义务劳动"一类的新生事物，在其刚刚诞生之时，一定没有旧事物那么强有力，在一段时期内旧事物相比新事物占据优势

①列宁.伟大的创举（论后方工人的英雄主义.论"共产主义星期六义务劳动"）[M]∥列宁全集：第 37 卷 .2 版（增订版）.北京：人民出版社，2017: 17.

地位，但这并不影响坚定对新生事物向上成长发展的信心。无产阶级的正确态度应是加强对新生事物的认真细致研究，不怕错误、不惧失败、不畏挑战，想方设法关心、支持和帮助新事物的生长，新事物经过社会生活的检验，必定会实现对旧事物的取代。正是在帮扶和照顾新事物的进程中，无产阶级会学到与资产阶级斗争的方法、方式和手段，练就属于无产阶级的斗争本领。

　　1920 年 4 月，为宣传报道当月举行的星期六义务劳动，在俄共（布）莫斯科委员会的倡议下，由相关报刊媒体工作者同印刷厂工人联合编辑排印出版了《共产主义星期六义务劳动报》特刊，列宁专门为这张报纸撰文并谈到无产阶级应该具备怎样的斗争品质问题。列宁在文中指出，无产阶级的斗争品质在十月革命前就经过了一二十年的磨炼，十月革命后的国内战争是对这种斗争品质的进一步磨炼。具体而言，无产阶级的斗争品质一是有韧性、能坚持，可以经受住革命战争的重重生死考验和敌对势力的思想侵蚀；二是有决心、有决断，能够把握历史时机，争取历史主动，坚定革命胜利的信念和信心；三是"善于反复试验、反复修正，不达目的决不罢休"[①]。列宁在此前的文章中就将星期六义务劳动比作是一株共产主义的幼芽，认为生活中还会出现许多像这样的"幼芽"，要求无产阶级一定要悉心呵护"幼芽"，总会有最富生命力的"幼芽"成长起来。而战胜资本主义的斗争就犹如挑选"幼芽"，一定要反复实验、坚忍不拔，才能找到最适当、最高效、最有用的斗争

---

　　① 列宁 . 从破坏历来的旧制度到创造新制度［M］//列宁全集：第 38 卷 .2 版（增订版）. 北京：人民出版社，2017：351.

方法。

3. 加强同党内摆脱劳动行为斗争

列宁不仅借助星期六义务劳动说明和揭示了无产阶级要掌握同资产阶级作斗争的手段和方法的重要性，还将之灵活地运用到纯洁党的队伍中来，变为一种加强党的自身建设的十分有效的载体。星期六义务劳动的发源群体就是在党员中间兴起和实行开来的，从而这一劳动形式在布尔什维克党内部的贯彻落实状况，就成为列宁尤为关心关注的问题。首先，要让星期六义务劳动成为把好发展党员"入口关"的必经一环。当时苏维埃国内局势的走向变化，对各级党组织工作方法的创新性提出了更高要求，即必须用革命精神从事工作。列宁提出，新党员入党之前应经过半年的符合这一要求的工作考察或工作见习，才能被接收入党。而积极参加星期六义务劳动，自然符合党员从事工作所需展现的革命精神。其次，对于已经入党的党员，星期六义务劳动同样可以被利用来辅助考验党员纯洁性。可以说，是否真心实意参加星期六义务劳动并在当中有所作为，成为考验一名党员党性和提升政党整体形象的关键一招。

此外，列宁将星期六义务劳动作为拉近党与农民的距离，增强农民对党的认可效度的桥梁和纽带。长期以来遭受阶级压迫的农民较为追求实际，拒绝轻易相信"官家"的所作所为。列宁强调，为办好农业集体经济、发展农村经济组织，在农村开展这项工作的党员，要以星期六义务劳动为范例，向农民讲述比他们生活条件艰难困苦得多的城市工人，在工作之余依旧无报酬地为党工作，让农民感受并学习工人们劳动中的英雄主义气概和自我牺牲精神。身教比言传更为必要，党员还要以身作则，支持和响应党的号召，争做在农村参加星期六义务劳动的实际榜样，吸引农民摒弃单干的个体小农经济转至参与共耕，这一办法将会更好向农民证明集体耕作的优越性和党的政策的正确性。

三、首次擘画共产党领导社会主义国家青年教育的崭新行动方略

如果说马克思主义创始人为无产阶级如何认识青年、如何看待青年划定了基本坐标、作出了初步阐释，那么列宁则是从理论层面将培养青年的观点学说体系化和系统化，特别是创造性地将青年教育理论应用于社会主义国家的实际建设，在实践维度拓展了无产阶级青年教育的生长空间，提升了无产阶级青年教育的行动能力。在此基础之上，列宁解决了青年教育事业最为根本的领导力量问题，将青年教育纳入俄国共产党（布尔什维克）的领导之下，为苏维埃俄国的青年教育提供了正确的政治方向保证，同时广泛考察世界各国青年组织和青年团体的自身建设经验，有力支撑了社会主义国家青年教育行动方略的谋划与落实。

（一）将党领导青年的制度安排作为青年教育的根本保障

列宁在统筹领导和具体参与党的工作进程中，始终对党的青年教育工作有着极为重要的战略考量，建立了将青年教育工作纳入党的事业整体规划部署的制度体制。他在党的多次代表大会中，推动形成并通过关于青年和共产主义青年团工作的多项决议和决定，使

党对青年教育工作的规律性认识不断取得创新发展。下面就选取在这一期间召开的俄国无产阶级政党历次代表大会中，具有代表性的五次代表大会关于青年教育问题的决议和决定作出梳理。

1903 年，俄国社会民主工党第二次代表大会的举行，宣告了真正的马克思主义政党在俄国得以建立。此次代表大会特别通过了"关于对待青年学生的态度"[①]的决议，对青年学生中朝气蓬勃的革命主动精神表示欢迎，认为组织青年的使命是所有党组织应尽力做到的，同时对所有学生团体和小组提出了自己的两点建议。第一点建议是青年团体的首要任务在于要使成员具备完整而彻底的社会主义世界观，在这个过程中可以通过切实研究马克思主义的科学理论，研究正在进行斗争的先进思想派别中的民粹主义、机会主义等主要思潮。第二点建议是青年团体应在从事实际的革命活动之前，与党组织取得并建立联系，在党组织的指示下开展自身工作，这样可以避免犯下较大的错误。

1917 年，在十月社会主义革命前夕，举行了俄国社会民主工党（布）第六次代表大会，代表大会通过了"关于青年团"[②]的专门决议和决定，明确了无产阶级青年团体的性质、目的和任务。青年工人在阶级斗争的整个进程中具有重要意义和作用，青年工人运动促进了男女青年工人建立自己独立的无产阶级组织的发展。无产阶

---

① 俄国社会民主工党第二次代表大会：代表大会的决议 [M] // 苏联共产党代表大会、代表会议和中央全会决议汇编：第 1 分册.中共中央马克思恩格斯列宁斯大林著作编译局，译.北京：人民出版社，1964：56.

② 俄国社会民主工党（布）第六次代表大会：代表大会的决议和决定 [M] // 苏联共产党代表大会、代表会议和中央全会决议汇编：第 1 分册.中共中央马克思恩格斯列宁斯大林著作编译局，译.北京：人民出版社，1964：496.

级政党认为，青年工人运动是整个工人运动的重要组成部分，同时揭穿了资产阶级利用青年组织灌输资产阶级思想的企图，强调党组织必须密切关注青年组织的工作，使之积极参加工人阶级的经济和政治斗争，使青年组织从一开始就显示出社会主义的性质。党将社会主义工人青年团看作是俄国的未来，提出青年团体自产生之时就应该加入青年国际，不断提升无产阶级青年的阶级自觉，还要积极宣传社会主义思想、坚决反对沙文主义和军国主义，保护未成年男女工人的经济政治权利。代表大会特别强调，工人阶级斗争已经进入直接争取社会主义的关键阶段，党组织要对协助建立青年工人的社会主义阶级组织给予最大注意，这是当时一项极为迫切的任务。

　　1919 年，在俄共（布）第八次代表大会上，通过了"关于对青年的工作"①的决议和决定，进一步肯定了俄国共产主义青年团存在和发展的必要性，认为党应给予团的最有力支持，这种支持不仅表现在思想上，还要在物质上进行支持。代表大会还从无产阶级革命对一批批有觉悟负责任的工作者和战士的需要出发，提出了青年工农所担负的是决定革命最终命运的重大任务，即积极参加革命性的建设工作和准备进行更加深入的革命。为此，党对青年工农的教育工作就有了巨大的意义，这些青年工农是党的后备力量，要培养他们成为充满革命热情、诚实觉悟的新的工作者。在具体的共产主义教育中，在共产主义旗帜下前进的独立组织——俄国共产主义青

---

　　① 俄共（布）第八次代表大会：代表大会的决议和决定［M］//苏联共产党代表大会、代表会议和中央全会决议汇编：第 1 分册.中共中央马克思恩格斯列宁斯大林著作编译局，译.北京：人民出版社，1964：579.

年团可以发挥主要的作用，能够动员号召无产阶级青年直接参加社会主义社会建设和捍卫苏维埃共和国。青年在团组织中练就并表现出的首创精神，对共产主义教育来说同样是绝对必要的。

1921年，俄共（布）第十次代表大会召开，代表大会的决议和决定主要针对政治教育总局同俄国共产主义青年团的相互关系进行了说明。在二者的协调中应遵循以下原则，共青团应根据统一的政治教育计划在团员中独立进行工作，同时由于团的教育工作计划是依照全国教育计划来制定施行的，所以政治教育总局不必另设单独的青年工作机关，这就实现了党的绝对统一性和团的相对独立性的有机结合。对于未加入共青团的青年工农，政治教育总局同样要请共青团作为自己的代表，负责对这部分青年的宣传鼓动任务。可以看到，"俄国共产主义青年团的工作对工农青年的共产主义教育和自学具有非常巨大的意义"[1]，党对团的关怀和帮助必须较比以往投入得更加多，提出的要求也应该比过去更加严格。共青团应把工作重心放在团员的科学社会主义教育上，而不是选派代表参加苏维埃机关的事务工作或者单纯注重增加团员的数量。另外，根据提高和改进党的宣传鼓动工作质量的现实需要，共青团负责人应对自身的身份和职责持有清晰的主次认知，第一重身份是党的宣传员，要在党的指导下积极做好在思想落后同志中间的教育启发工作；第二重身份才是团的工作人员，帮助开展好团内的其他活动。

---

① 俄共（布）第十次代表大会：代表大会的决议和决定 [M] //苏联共产党代表大会、代表会议和中央全会决议汇编：第2分册.中共中央马克思恩格斯列宁斯大林著作编译局，译.北京：人民出版社，1964：93.

1922 年，俄共（布）第十一次代表大会举行，这是列宁出席并直接领导的最后一次党代表大会。这次代表大会就"关于俄国共产主义青年团的问题"①再一次形成专门决议，这标志着苏维埃俄国对共青团作用的认识更加成熟深化，已经对党的共青团工作具有比较系统的观点和做法。主要分为以下三个方面：

第一，明确共青团的组织定位、工作对象和基本任务。

在共青团组织定位的问题上，俄国共青团是进行共产主义教育的群众性组织，是党用共产主义来教育和影响广大工农青年的有力工具。团组织要为党培养经受过实际革命工作锻炼的最积极的无产阶级分子，将这些最有觉悟、最有革命精神的青年工人输送到党内，以保证党的不断健康发展，同时党也要非常关心共青团对国家新政策和新环境的快速适应工作。

在共青团工作对象的问题上，俄国共青团的群众工作对象是崭新的一代无产阶级青年。当时的青年是在革命时代里成长起来的一代，在很大程度上没有受过资本主义制度的压迫，加之新经济政策的推行更使得青年容易受到小资产阶级习气的侵袭，还面临着被解雇和被降薪的急剧恶化的经济状况，这就对共青团的工作开展提出了严峻考验和更高要求。

在共青团基本任务的问题上，俄国共青团主要是面向青年工人和青年农民两大群体，完成好组织方面和教育方面的基本任务。生

---

① 俄共（布）第十一次代表大会：代表大会的决议［M］//苏联共产党代表大会、代表会议和中央全会决议汇编：第 2 分册 . 中共中央马克思恩格斯列宁斯大林著作编译局，译 . 北京：人民出版社，1964：198.

产保护，是团组织在青年工人这一群体中的工作重点。要让青年工人得到体力和精神的双重保护，这是进一步巩固无产阶级专政和发展苏维埃共和国工业的必要前提。为此，俄国共青团要直接和主动参加工会和国家机关对青年工人的保护工作。对于具体的保护办法，如合理规定少年工人在各生产部门中的数量占比，对在国营和私营工业中的少年工人实行劳动监督，从法律层面保障青年工人的工资。同时，青年工人的劳动目的应是服务于学习和提高技术水平，要设立生产实习同理论教育和社会政治教育结合起来的青年工人学校。此外，为了增强青年工人对小资产阶级自发势力的自觉抵抗程度，俄国共青团要同反革命政党组织进行斗争，还要加强和改进文化工作，使之更适合青年的身心特点，拒绝不良电影和充满低级趣味书籍对青年工人的腐蚀，提高他们对社会政治生活的兴趣。此外，生活在农村的青年农民对家庭十分依赖，俄国共青团要为党和苏维埃政权扛起教育青年农民的艰巨复杂任务，做好农村最贫苦农民的工作，使他们免受富农思想的影响，积极吸收青年农民参加农村的社会生活，满足他们的文化需求。

第二，重视共青团面临的突出问题和极为重大的实际任务。

随着新经济政策的施行，部分青年被解雇，使得团员的流动性加大，团员数量也出现下降现象，作为团内核心的积极参加工作的人员队伍因此被削弱。团内出现这种情况的症结归因是多方面和多层次的，其中的主要因素包括共青团不能充分满足青年的现实需要，对少年工人的影响有所减弱，没有制定出适应新环境的新的工作方式、方法和内容，当然也有团组织缺乏党组织的认真帮助等原因。为了缓解和改善当时团内面临的突出问题，代表大会提出，共青团要让青年工人成为充实自己组织的无产阶级力量、增进开展团的工作的成熟度，因为这部分青年最容易接受马克思主义理论教育和实际经济训练；相比于没有参加团组织的青年工人，团员群众的文化和政治水平稍高，可以让这部分团员通过参加实际的经济和文化斗争工作，进一步提升阶级觉悟；团的整个教育工作必须贯穿马克思主义，也要适应成年人的心理特点；还应加强对团员和没有参加团组织的工农青年的教育工作，使之能够符合和具备参加红军队伍的条件。

第三，规定党在共青团方面的任务。

这就是党要加强对共青团的思想领导，具体体现在党支部要直接参加团支部的各方面工作，认真挑选和派出关心青年工作、善于团结青年的党员干部参加团的委员会并做好团的日常工作，同时也要积极吸收团员特别是在团内任职的党员参加党的工作，以此更好实现俄国共青团的组织定位。为了更好开展团的群众教育和团员教育工作，党要在物力和财力上给予共青团必要的支持，确保俱乐部、学校和体育活动能够正常举行，文化机关还要为团的教育工作和出版青年领域的专门丛书提供帮助。代表大会在"关于报刊和宣传"①的决议中，特地写明要大力支持在党的总领导下的共青团机关报刊，在一些核心地区应当保留团的独立机关报，其他地方的党和苏维埃机关报也应开辟"青年之页"，足见党高度重视反映共青团思

---

① 俄共（布）第十一次代表大会：代表大会的决议［M］∥苏联共产党代表大会、代表会议和中央全会决议汇编：第2分册.中共中央马克思恩格斯列宁斯大林著作编译局，译.北京：人民出版社，1964：201.

想观点和青年声音的报刊工作。在决议中，代表大会还就之前提及的低级趣味书籍对青年的影响问题，指出组织编写有助于青年群众共产主义教育书籍的迫切性，赞成出版大型通俗科学和文艺杂志，共青团要参加到为青年编写这一类丛书的工作当中。

（二）将借鉴他国青年培养经验作为青年教育的丰富资源

长期侨居在国外的革命生活经历，使列宁有充足的机会亲身接触到世界各国和政党开展青年教育的具体方法和手段，获得最为真切的直观感受和体会，吸取别国青年团体和青年组织的建设经验和做法。列宁时常走进国外青年工农中间，向他们介绍俄国革命的基本情况，提出个人对各个国家青年运动的认识和看法，同广大青年相互沟通交流，推动本国和他国在塑造和培养无产阶级青年的问题上，相互之间能够做到取长补短。

1905 年，《无产者报》刊登的社会民主党人给国外同志的一封公开信，引发了青年要留下支援本国工作还是到国外学习的讨论。社会民主党人主张青年应留在俄国工作，理由是党在国内的地下工作条件十分艰苦，力量相对不足，需要青年的支援和帮助。以"革命者"为代表的一众人认为，青年需要到国外进行学习，以此来加强理论修养，这同样是十分必要的。列宁表示，这两方的看法和意见都有合理之处，在国外学习知识的同时也要多关注国内的革命形势，做到学以致用，助力本国和党的事业的发展。他指出，全世界范围内的工人阶级为求得彻底解放的最高权威，就是"每个国家进行直接斗争的先进的觉悟工人的集体经验"①，俄国的无产者需要树立全世界无产阶级革命斗争的权威，这种集体经验能够扩大青年的眼界，更好阐明党的纲领和策略。从巴黎公社革命精神的传承中，列宁看到了法国新的社会主义的一代，在公社战士革命经验的影响和鼓舞下，接力举起社会革命的旗帜而奋勇前进的实际举动。由此，列宁更加坚定了要运用无产阶级参加实际革命斗争的宝贵经验来武装青年的观点主张，在日后他也经常强调要加强对青年进行有关本国革命历史的教育。

劳动阶级的责任是使广大青年受到团结教育和符合社会主义精神的教育，特别是让军队不再成为能够被统治阶级随意支配来反对人民的盲目工具。但是，与接触和联系役龄青年相比，对现役的青年士兵进行宣传要困难得多，因为无法与士兵经常取得交往机会。列宁了解到，在比利时、奥地利、瑞典、瑞士、法国等国家，青年团体在帮助处理和解决这一问题的过程中起到了极为关键的作用，这些庞大的团体组织都担负着党的重要工作，进行着许多反对剥削的阶级斗争。他在考察欧洲各国的社会主义工人青年团体时，较为详细地介绍了青年团体在实际工作中，将更多的时间和注意力用在对青年士兵进行反军国主义宣传的一系列做法。青年团体对青年士兵的宣传动员在步骤上采取先建立联系、后广泛宣传的方式，在时间上分为入伍前、入伍后两个大致时段。在招募新兵之前和即将入伍之时，青年就已经是青年团体中的一员并交纳会费，青年团体以

---

① 列宁．卡·考茨基的小册子《俄国革命的动力和前途》的俄译本序言［M］//列宁全集：第14卷．2版（增订版）．北京：人民出版社，2017：225.

组织城市游行、欢送晚会和发表激烈的反军国主义演说等办法为新兵隆重地送行，唤醒他们的阶级觉悟，预防他们受到军营思想感情的毒害。在新兵进入军营之后，新兵家乡的青年团体会与新兵所在当地的青年团体互通联系，帮助士兵适应当地环境并与驻地居民之间消除隔阂，青年团体还会定期给予他们少量的资助，青年士兵则有义务定期报告他身处军营的情况和自我感受。

在反军国主义的宣传上，青年团体大量出版和发行有关书刊，这些书刊内容丰富、形式多样、获取便捷，其中士兵报纸的专号将会点对点地直接邮寄给新兵。在反军国主义书刊的类型上，主要有印制相关图画的明信片、歌曲集、小册子、号召书、传单，等等，类别多种多样，满足不同文化程度士兵的学习需要；在书刊的刊期上，有周报、周刊、双周报、双周刊、月报、月刊，有着不同的出刊周期，部分书刊还印有插图；在书刊的流传地点上，会给士兵送进军营，或者直接在街上递给他们，士兵所到的咖啡馆、小饭馆等处也都可以方便取得有关反军国主义主题的书刊。青年团体为反军国主义宣传付出的大量工作努力，产生了十分有益的成效，书刊的发行量和影响力非常显著可观，反军国主义的歌曲在士兵中颇为流行。在法国发行的《士兵手册》数量达到10万份以上，在比利时发行的《新兵》和《军营报》数量均达6万份，"《军营报》、《新兵》、《青年士兵报》、《皮尤皮尤》（青年新兵的亲昵外号）、《前进报》都发行很广"①。事实证明，国外青年团体等青年组织在革命斗争

---

① 列宁.反军国主义的宣传和社会主义工人青年团体[M]//列宁全集：第16卷.2版（增订版）.北京：人民出版社，2017：108.

中可以发挥出积极作用，他们对青年教育载体的拓展运用等经验举措也得到了列宁的高度重视，并在日后俄国的无产阶级革命和社会主义建设中得到了很好的借鉴、运用和发展。

后来，对于党组织和青年组织的关系问题，在俄国社会民主工党（布）第六次代表大会的决议和决定中提出，要借鉴西欧的经验，西欧的社会主义青年工人组织具有独立性，与官方政党所包办代替的组织有很大不同，因而党对青年工人组织建设的干预不应当带有包办代替的性质，俄国的青年工人组织要在组织层面上相对独立，但要在精神上同党相联系。列宁曾指出，文明国家的政党都了解尽可能广泛且牢固地"建立起来的学生会和工会的巨大益处"①，都力图在这些团体中不断扩大自己的影响，但他们在表面上却宣称自己组织的内部不划分明确的派别，以此掩盖统治阶级所欲隐蔽宣传的政治思想观点。在资本主义社会，青年学生因持不同的政治社会见解而形成各异的政治派别，当中有漠不关心的和反动的派别，有学院式的和资产阶级自由式的派别，还有社会革命党人和社会民主党人的派别。一些机会主义者和修正主义者在对大学生"思想上的团结"的观点理解上企图制造混乱，将其解释为"无思想性"，亦即不必承认某一明确的派别，不必具有某一派别的完整世界观，加入某一特定党派会造成政治上的分离和分裂。列宁对以上罔顾事实而编造谎言的做法予以严厉批驳，指出政治活动不同于科学训练、职业工作和学校学习，本质上要求必须选择一个明确的政党来参加

---

① 列宁 . 革命青年的任务：第一封信［M］∥列宁全集：第 7 卷 .2 版（增订版）. 北京：人民出版社，2013：329.

革命斗争。他将世界观放在青年成长与发展道路的首要位置，认为这关乎青年在思想上是否清醒、理论知识是否牢固，是涉及原则性的重要问题。各个党派的世界观都不可避免地反映着各自阶级的利益和观点，俄国社会民主工党正是要帮助青年学生"树立一种明确的完整的社会主义世界观"①，懂得这种世界观是对无产阶级利益的正确反映，是以科学的马克思主义世界观为根本指导的。

德国社会民主党对无产阶级斗争工具的理解，也是列宁所关注和提倡的。他认为，必须根据各个国家的具体经济状况和政治状况来理解社会发展的进程，从而结合所处的历史时期和条件进行恰当斗争方式的选择。在无产阶级国际大军中的德国社会民主党，就是正确选择斗争工具的出色范例之一，他们不主张在任何情况下都要通过议会来斗争，还应该考虑到除此之外的社会主义报刊、工会、经常性的人民集会和"对青年的社会主义思想教育"②等议会以外的斗争工具。议会不过是德国社会民主党在特定时期选择的特殊斗争工具，是符合本国历史特点的，因此俄国也要根据自身的实际条件选取和制定合适的斗争策略与政策。列宁指出，比起议会，青年教育作为一种新的斗争工具，更具极端重要性，更加重要、高级、强大。在无产阶级同资产阶级的阶级斗争过程中，应以青年为重要突破口，加强和巩固党同青年群众的联系，发展和利用本国的青年组织和团体，以达到实现社会主义的目的，这是德国经验所能够带

---

① 列宁.革命青年的任务：第一封信［M］//列宁全集：第7卷.2版（增订版）.北京：人民出版社，2013：334.

② 列宁.论拥护召回主义和造神说的派别［M］//列宁全集：第19卷.2版（增订版）.北京：人民出版社，2017：79.

来的启迪。

通过俄国与世界文明国家教育状况的比较，使列宁深刻认识到双方存在的巨大差距，进一步明确了做好青年科学文化知识水平提升工作的艰巨性和重要性，学习科学文化知识是唤醒青年革命意识和积极参与国家建设的前提性条件。列宁指出，文明国家几乎没有文盲，如瑞士和德国只有 1%—2% 的文盲，而瑞典和丹麦等国家则没有文盲。反观在农奴制制度压迫下的旧俄国人民，能够进入学校接受教育的学生仅占学龄儿童的 21%，证明绝大多数少年儿童被剥夺了接受国民教育的权利，"青年一代里有五分之四的人注定要成为文盲"[①]。在列宁看来，环顾整个欧洲，这种状况只在俄国存在，较为落后的奥地利的文盲比重还不到 40%、匈牙利也只有 50%。在当时还不算先进的美国，文盲的比重仅为 11% 左右，就算在遭受压迫的黑人中，文盲也不到一半，比俄国农民的教育程度要好过一倍以上。在 1908 年，美国学生占居民总数的比例比俄国多 3 倍以上，俄国当年的学生人数，美国早在 30 多年前就基本达到了。可见，旧俄国实行的是愚民政策，青年一代没有获得光明和求取知识的权利，所谓的国民教育部不过是形同虚设，1913 年的人均教育经费远不如比利时、英国和德国，甚至还比不上四十多年前美国的水平。因此，保障青年接受教育的权利，满足青年求知欲望的任务就落在了俄国无产阶级政党的肩上。

---

① 列宁. 论国民教育部的政策问题（对国民教育问题的补充）[M]//列宁全集: 第23卷.2版（增订版）.北京: 人民出版社, 2017: 110.

（三）将投身本国的革命与建设作为青年教育的有效路径

要使青年教育目的真正得以实现，无论是党对青年教育事业的领导规划，还是借鉴别国青年教育经验的他山之石，最终都要落实并服务于青年自身的成长与发展，依靠青年真实参与到俄国无产阶级革命和社会主义建设的伟大火热实践之中。列宁认为，在实践中开展青年教育工作，既是青年获得、加深和检验理论认知正确性的个体需要，也是青年掌握革命斗争本领的现实需要，又是党和国家着眼长远目标的战略安排和选择需要。

首先，青年人的天然品性对于无产阶级革命和建设具有独特的作用。

列宁对青年人精神状态的定位是"朝气蓬勃"，这体现出青年具有独一无二的革命主动性的宝贵品格。一方面，青年人是年轻的，他们精力充沛，血气方刚、热情奔放，在处世上志于探索，这些特点决定了青年对待任何事物都充满好奇，有尝试和投入的欲望，对待挑战无所畏惧，并且敢想敢做、敢拼敢闯，这是相对年长的人们所不具备或不占优势的。列宁一直强烈反对党内以青年年纪尚小或处事经验不足为借口来拒绝联系和吸收青年加入党组织工作的观点，同时强烈反对"害怕青年"的不重视培养青年的毛病。他曾在同普列汉诺夫的通信中，提议将一直为《火星报》干劲十足工作的青年"笔尖"①增补为编辑部的第七名成员，认为其是充满信念、才华、

---

① 这名青年编辑就是后来俄国和苏联共产主义运动中的重要人物，托洛茨基。他的原名为列夫·达维多维奇·勃朗施坦，笔名为"笔尖"。

前途且不可或缺的，同时关注到"笔尖"对自身身份悬而未决的情绪和想法，建议编辑部一定要将这位青年争取过来并提出应对"年轻"的具体工作办法。

另一方面，青年人的性格特点难免会犯一些急躁冒进等错误。列宁毫不回避青年的缺点，并对青年的不足之处持极大的宽容态度，给予青年以广阔的成长空间。他指出，党内的年长同志要善于耐心对待青年犯下的错误，帮助他们改正错误，懂得青年身处的环境比他们父辈之时已经发生了很大的变化，要通过不同的道路和方式接近、训练和教育青年。在教育过程中，不是讨好而是要随时纠正青年的错误，反驳和澄清他们思虑不周的认识，但要对青年进行同志式的批评，让他们在理论和实践上更加明确和坚定。尽管青年的失误会在短时间内对党的工作造成影响甚或损失，但列宁坚信这会使青年受到实际锻炼并逐步成为党的中坚力量，总体上对事业发展是有利的。

其次，青年能够在无产阶级革命斗争场域经受实际锻炼和精神塑造。

党对青年学生中革命主动精神的"欢迎"二字，就表达了大学生是最敏感、最自觉、最彻底、最准确反映社会政治发展状况的群体，他们已经划分为不同的政治派别，其中的先进部分主动投身到革命运动中来并开始崭露头角。在19世纪末的沙皇黑暗统治时期，觉悟的青年学生有意愿将知识传授给工人，让工人与知识、教育结合在一起，启发工人觉醒。青年工人也急切渴望得到民主思想和社会主义思想的教育，众多青年工人和青年知识分子也无畏被捕的危险，义无反顾地加入革命运动中来。大学生的革命斗争经验告诉他们，如若要取得自身的自由和解放，必须有工人的支持，走上同人民一起前行的道路。列宁指出，"战争时期几个月抵得上平时几年"①，革命科学不仅仅是一种书本信条，青年在这一时期接受的政治性和革命性的教育动员是非常直接和极其有效的，军事行动本身就是一种教育途径和教育方法，它加速了大学生的革命化进程。而大学生革命化绝不是一般意义上的革命化，必须带有明确的派别界限。无产阶级政党既要在理论上向青年学生传播社会民主主义的信念，并与非革命的思想观点作斗争，又要在实践中协助青年开展民主主义运动，让青年对革命运动的态度变得更加自觉和坚定。因此，列宁强调，"必须火速把一切具有革命主动性的人团结起来和动员起来"②，务必充分信任青年，更为广泛和大胆地吸收青年参加革命工作，扩增党的规模和力量。伴随着俄国第一次资产阶级民主革命新形势的到来，青年人特别是青年工人的力量不断积聚增长，他们自请效劳革命阶级的运动，但社会民主工党的组织工作者却看不到青年的革命主动性，埋怨缺乏人才。列宁严厉批评了党内的尾巴主义思想，要求打破"人才很多又很缺"的矛盾态势，指出革命青年犹如湍急的水流，如果不善于组织和推动他们，疏通社会民主主义的河道，那么水流必然会涌入孟什维克等错误的"河道"，加之青年缺乏经验和辨识力，将会给革命事业带来巨大的危害后果。

　　青年在同无产阶级的交往中，会一直保持着健康的革命本能。1908 年秋季，俄国彼得堡爆发了群众性的学生运动。列宁认为，在

---

① 列宁.破产的征兆［M］//列宁全集：第 6 卷 .2 版（增订版）.北京：人民出版社，2013：260.

② 列宁.致亚·亚·波格丹诺夫和谢·伊·古谢夫［M］//列宁全集：第 9 卷 .2 版（增订版）.北京：人民出版社，2017：228—229.

当时没有其他群众斗争形式的情况下，借着这次"学院运动"是对青年学生进行政治鼓动和革命教育的难得机会。党的大学生小组应使青年学生关注政治生活，向他们说明这一运动的客观意义，竭力促成其转化为自觉的政治运动，逐步为展开新的革命斗争积蓄力量。列宁指出，在革命形势极为困难的情况下，衡量对青年进行政治鼓动成功与否的标准，绝不在于立即取得绝大多数人配合的实际效果，而是要保持历史耐心，以坚韧不拔的精神，孜孜不倦地做好党的宣传鼓动工作。

最后，青年可以从社会主义国家的管理和建设中强化使命与责任感。

在夺取无产阶级政权征程中获得成长、得到锻炼的青年人，将继续成为捍卫和巩固社会主义国家的新鲜血液和可靠力量。在战时共产主义时期，由于先进工人都被调往一线参与战胜饥荒的运粮工作，列宁则号召广大青年应和一般工人接替他们的工作，在无产阶级的斗争环境中变得更加忠诚。非农业身份的青年农民也应该加入红军的征粮队和征粮军，帮助充实红军的队伍，还能够助力缓解挨饿居民的境况。同时，应对这一时期的燃料危机，也需要组织和安排青年人才来参加燃料工作。

列宁还指出，在和平建设时期，建立国家监督机构等任务要"依靠那些对亲自参加国家管理工作表现出罕见的主动性和决心的工农青年"[1]，逐渐培养他们在国家事务中担负起更为重要的角色，发

---

[1] 列宁.在莫斯科工人和红军代表苏维埃会议上的讲话[M]//列宁全集.第38卷.2版(增订版).北京：人民出版社，2017：218.

挥出更加关键的作用。比如，苏维埃俄国在结束国内战争的军事任务后，紧接着就是解决恢复工农业生产的经济建设问题，迫切需要青年提高自身学识水平，掌握电气化相关知识，并将之应用于改造国家的工农业生产活动当中，因为依托电力等现代科学技术，才能有建成共产主义社会的基础和可能。又如，旧社会仅将接受教育的权利局限于资产阶级分子，广大人民群众特别是农民几乎被剥夺了享受知识所带来的光明的权利，大量的文盲现象仍是新生政权所要面对的突出问题，需要知识青年积极主动地将党和国家提出的口号和命令转化为真正的实际行动，同优秀的工作者一起深入农村扫除文盲。这样，既可以努力消除农民群体中突出的愚昧状况，又能够帮助青年群体中的其他文盲青年摆脱无知的境地，让文盲问题从这一代青年开始不再留存。

列宁认为，之所以要求青年参与到管理国家的任务中，帮助实现无产阶级专政，不仅在于党和国家当前的事业发展需要，更是由于青年是建设未来社会主义社会大厦的主体力量。在1919年征收党员周中，面对国家处于空前未有的困难境地，同时受到前两年来应征入伍人员的英勇行为的感召，大量青年奋不顾身地靠近和加入党组织，证实了布尔什维克政党站稳了脚跟，为新生国家的建设事业赢得了可以长期地、更多地从中汲取力量的源泉。为此，要使青年工农在亲身参与社会主义建设的实践锻炼中，获得快速成长，加深对新制度的理解和体悟，抛掉过去的资产阶级成见，不断让自己成长为比前辈更加勤勉且坚定的共产主义者。

第六章
列宁青年教育理论的价值启示

　　列宁青年教育理论是列宁在帝国主义和无产阶级革命的时代背景下，就培养共产主义青年问题所提出的一系列具有独创性的看法、观点和主张，率先对社会主义国家青年教育的理论与实践进行伟大探索。对这一科学理论成果的最好纪念，就是正确认识列宁青年教育理论在列宁时代具有的重要意义作用和在现实层面上存在的一定局限性，进一步对其开展现代意义上的转化与发展，使其更加适配现代青年教育的新变化与新要求，焕发其在当代社会主义中国的内生价值。同时，更要结合新时代青年思想政治教育的特点，挖掘列宁青年教育理论当中蕴含的丰富思想政治教育观点和理念，发挥好其对我国当前以及今后青年思想政治教育的启示和指导作用。

一、列宁青年教育理论的历史评价

　　面对列宁青年教育理论，不仅要深入研究其系统科学、逻辑严密、结构完整的内部体系，还要运用马克思主义客观、辩证、理性的端正态度和衡量标准来评定其贡献的高低，这是连接起理论本体与理论价值之间的沟通桥梁，通过这一中间环节厘清理论的历史贡献和历史局限。矛盾的主要方面决定了某一事物的性质，占据着主导和支配的地位。对于列宁青年教育理论而言，既有值得高度肯定的主要方面，又有存在缺憾的次要方面，但从根本性质上而言，这一理论无可辩驳地成为马克思主义青年教育理论宝库的科学经典理论。

（一）列宁青年教育理论的历史贡献

列宁青年教育理论是马克思主义青年教育理论的列宁阶段，是20世纪的马克思主义青年教育理论，同时也是帝国主义和无产阶级革命时代的马克思主义青年教育理论。它连接着青年身处的沙皇专制统治和资本主义发展的黑暗历史时期、社会主义苏维埃俄国建设的现实时期、苏联延续社会主义教育方向的未来时期。列宁青年教育理论对身处俄国不同历史时期青年的成长成才路径规划和无产阶级青年教育事业的不断向前发展作出了无可替代的卓越贡献。

1. 赢得青年对无产阶级革命的参与和支持

旧时期的俄国，教育领域被资产阶级意识形态所笼罩，特别是多见于各式各样的报刊和学术论文中，青年知识分子受到的都是批评马克思主义理论思潮的熏陶。而进步知识分子凭借着自身的判断力和自觉性，在青年中生发起一股学习马克思主义的潮流，使他们中的一部分先进分子在思想上转向社会主义，成为进步的革命青年知识分子。当社会上刮起人民群众的革命风潮之时，也席卷了革命青年学生参与其中，但青年学生做出的举动多为纯粹性的马克思主义"理论回击"，各青年学生小组之间也基本没有联系，革命行动缺乏组织性、计划性，更为重要的是缺少富有经验的革命家指导。与此同时，工人当中自发组织起来维护群体利益的斗争，也只能停留在工联主义的意识阶段，急需外部力量对他们采取理论层面上的灌输武装，以更进一步促进工人阶级在政治层面的高度觉醒。

列宁十分敏锐地注意到这一点，提出必须要把"在大学生中间进行工作"①当作社会民主工党人的责任，极力实现青年学生的革命化。他认为，要从思想上征服青年，让青年学生树立社会民主主义的理想信念，能够做到严格区分不同政治派别之间的思想界限。党通过在各种青年小组中建立广泛的联系，大力向青年宣传党的纲领，开展政治鼓动工作，使一大批进步青年体会到社会主义真理精神的强大感召力，开始真正走向广阔的政治生活天地，不再陷入狭小的学院式抗议活动之中。党不仅在思想传播上有所作为，还在革命行动当中让青年切实懂得，只有与工人一同行动，才能够取得革命斗争的最后胜利。随着革命力量的逐渐增强，社会主义的思想影响蔓延到青年军人当中，他们与党的联系日益密切，为最后的武装起义增添了在军事方面年轻且有力量的支持。

2. 凝聚起青年力量捍卫和建设苏维埃俄国

俄国觉悟青年不但成为推翻资产阶级旧政权的坚决拥护者、热情参与者，而且为社会主义新俄国的建设奉献青春才智、挥洒拼搏汗水。列宁反对一味向青年进行抽象的说教，主张要在真实的斗争环境中给青年以教育，让青年感受到资产阶级对人民精神和肉体上的毒害，并亲身参与和经历无产阶级争取人民解放的正义革命进程。在十月革命前夕，列宁就表达了通过武装起义来使苏维埃掌握全部政权的意见，特别提出要挑选最坚决、最勇敢的青年工人与其他积极力量共同组成小分队去参加最后的军事行动。革命取得胜利后，

---

① 列宁.革命青年的任务：第一封信［M］∥列宁全集：第7卷.2版（增订版）.北京：人民出版社，2013：334.

青年再次表现出英勇无畏的气概，奋不顾身地投入武装捍卫苏维埃政权的军事斗争战场。列宁后来在回顾国内战争获得成功的全部经验之时，指出"从青年中汲取新的力量"①是很重要的一条经验。

面对国家军事任务之后紧接着的经济恢复任务，列宁认为有责任的知识青年应教给其他劳动青年有关电气化的应用知识，为党分担建立共产主义新社会的各项工作任务。青年们还在国家政权机构中开始学习管理工作，参加国家监督。列宁注重培养青年参与国家事务的能力，根据突出表现来提拔青年在国家机构中的职级，还吸引并带动胆小怕事、不敢担当、不够积极的工人，从最简单的"见证人"角色来开始认识国家检查机构的职能。例如，当列宁发现用于清洁莫斯科住宅环境卫生的巨额拨款被官员私吞时，就特地关切了"青年小分队"是否担任了检查员，青年检查队伍的数量、检查地点和具体表现等问题。列宁还号召青年为城乡人民而工作，可以从主动带领城市居民区的人民来清除垃圾的小事做起，帮助他们养成讲卫生的良好习惯。

3. 指明苏联青年教育工作正确的前进道路

列宁逝世后，斯大林拿起了在社会主义国家进行青年教育的接力棒，继续完成好列宁未竟的事业。他特别强调要"用列宁主义的精神教育青年"②，因为这是"一盏指路明灯"③，可以让青年掌握

①列宁.在莫斯科工人和红军代表苏维埃会议上的讲话[M]//列宁全集.第38卷.2版(增订版).北京：人民出版社，2017：219.

②斯大林.论共青团的任务(答"共青团真理报"编辑部提出的问题)[M]//斯大林全集：第7卷.北京：人民出版社，1958：201.

③斯大林.论共青团的任务(答"共青团真理报"编辑部提出的问题)[M]//斯大林全集：第7卷.北京：人民出版社，1958：205.

无产阶级专政和共产主义精神的有关知识，使青年坚持俄国共产党的领导，认识到由列宁开辟的俄国社会主义建设道路必将走向胜利，也必将带动世界无产阶级革命取得最终的完全胜利。而要成为一名真正的列宁主义者，革命青年必须"向科学大进军"[①]，攻占科学的堡垒，才能更好参与国家的社会主义经济和文化建设，还要努力成长为政治家和社会活动家。斯大林认为，青年作为党和国家的未来、希望和接班人，受到旧的传统习气影响较小，是打造一支新干部队伍的重要力量。但是，青年战线也会随时遭受到国外和国内资产阶级敌人的蓄意攻击，需要时刻保持清醒和警惕。

斯大林尤为重视共产主义青年团的建设，极大程度上将为党组织教育青年的重任托付给共青团。在他看来，共青团是实现无产阶级专政的"杠杆或引带"[②]之一，是将青年吸引和团结在党的周围的无产阶级群众组织，也是党的后备军。斯大林强调，要"保证共青团有无产阶级核心作为基本领导力量"[③]，团结教育青年工人和青年农民共同贯彻无产阶级政策，让二者结为巩固牢靠的同盟关系，决不能有"各自为政"的内部分裂倾向。针对团内滋生的官僚主义作风，他提出必须主动接受群众的批评与监督，才能有助于根绝队伍内的腐化现象。斯大林的青年教育举措基本坚持了列宁时期的正确方向，然而具有"高度集中"体制特点的"斯大林模式"，不可

---

① 斯大林.在苏联列宁共产主义青年团第八次代表大会上的演说[M]//斯大林全集：第11卷.北京：人民出版社，1955：66.

② 斯大林.论列宁主义的几个问题[M]//斯大林全集：第8卷.北京：人民出版社，1954：32.

③ 斯大林.关于农村共产主义青年团积极分子（一九二五年四月六日在俄共（布）中央组织局会议上的演说）[M]//斯大林全集：第7卷.北京：人民出版社，1958：70.

避免地映射到苏联青年教育领域，使之渐渐偏离正确的轨道。经过赫鲁晓夫、勃列日涅夫执政时期的持续发酵，最后以发生在戈尔巴乔夫执政时期的苏联解体、东欧剧变为标志，世界上第一个社会主义国家的青年教育实践至此终止。

（二）列宁青年教育理论的历史局限

任何一种理论学说都是当时历史阶段的产物，难免带有一定时代和环境的印记，列宁青年教育理论自然也不例外。分析列宁青年教育理论的局限性，丝毫不影响这一理论在俄国乃至全世界无产阶级青年教育史上发挥的巨大价值、产生的巨大作用，反而有利于更加完整、准确和全面地理解列宁关于青年教育的基本精神。

1. 帝国主义和无产阶级革命的时代条件局限

列宁从事革命活动和生活工作的时代，是多重社会矛盾逐渐被激化的时代，主要由他创立的青年教育理论自然在其所处的时代应运而生，同时也无法摆脱时代的影响和限制。列宁认真研习马克思主义的理论知识体系，密切观察并深入分析当时主要资本主义国家之间的经济、政治发展情况，抓住资本主义经济的本质和特征，提出了科学的帝国主义理论，成功把马克思和恩格斯的相关理论推向了新阶段。通过系列实践，使列宁看到了社会主义革命率先在一国取得胜利的理论可能性，动员一切积极因素壮大无产阶级的力量，同资产阶级展开殊死较量，将建立无产阶级政权、实现无产阶级专政作为当时革命工作的中心任务。即使在擎起社会主义国家旗帜后，俄国布尔什维克党的中心任务也没有顺利转到"社会主义建设"上来，而是从"夺取建立政权"变化为"捍卫巩固政权"，同时兼顾国家各项建设任务。

在这一过程中，列宁认识到无产阶级的希望在未来，而未来就在于依靠和赢得青年一代。他亲自走进青年群体，号召广大无产阶级要加强与青年的密切联系，向他们揭露资产阶级的残酷性、虚伪性、欺骗性，灌输无产阶级的马克思主义理论观点，团结工农青年等各类青年群体与资产阶级进行旗帜鲜明的阶级斗争。实践证明，列宁关于青年教育的理论观点和实践举措在当时是极为正确和切实可行的，高度符合帝国主义和无产阶级革命的时代任务和各项要求。社会主义国家如何开展青年教育，列宁对此提出或规划了诸多富有指导意义的构想和蓝图。但应看到，列宁领导的青年教育绝大部分集中在无产阶级革命阶段，真正在社会主义和平建设阶段进行的青年教育实践仅有短暂的三年左右时间。由于社会主义建设规律和无产阶级青年教育规律的归纳总结需要在不断探索中前进，加之列宁晚年还反复与病魔作顽强斗争，在最后领导国家的工作中也缺乏足够时间和精力，这使得列宁青年教育理论因时代风云变幻而产生了客观局限和历史缺憾。

2. 国家处于不断动荡状态下的环境条件局限

帝国主义和无产阶级革命的时代背景，决定了无产阶级的青年教育主要在动荡的社会大环境中进行，缺乏必要且稳定的教育环境。处于帝国主义阶段的俄国，工人政治罢工不断，饱受战争摧残的人民席卷起阵阵革命浪潮。进步的青年学生也开始参与到争取自身权利的抗争之中，积极发起集会抗议和游行示威，开始与工人群众一起成为有生的革命力量，不过大部分行动还是遭到了沙皇政府的无理指责和暴力镇压。这种动荡的教育环境并没有因为新生苏维埃政权的建立而终止，反而要求青年继续英勇地投入到保卫社会主义新俄国的正义战争之中。在动荡的革命斗争环境中开展青年教育，起到了通过切实的残酷环境迅速激发青年阶级觉悟的重要作用，练就了一大批忠诚于无产阶级革命事业的有志青年。但认真审视当时俄国青年接受教育水平普遍低下的实际情况就会发现，无产阶级只有在长期掌握政权的和平环境下，才能够真正系统地贯彻执行社会主义国家关于青年教育事业的各项政策和原则，完成好在国民教育领域的艰巨任务。

动荡环境对无产阶级青年教育传导产生的具体影响，主要表现在三个方面。第一，阻隔了列宁等俄国布尔什维克党人同青年之间的直接联系。为更好指导和开展革命工作，避免在俄国国内遭到政治迫害，列宁在瑞士、德国、英国、法国等国家度过了长达 15 年之久的侨居时光。而受到国内工作人员作风和国际信件邮寄时效等因素影响，其间列宁只能同国内青年进行艰难的少量通信往来。第二，难以集中精力改造和发展学校教育。列宁很早就认识到要做好青年教育工作，必须建立能够全面且直接向青年传授科学理论知识的无产阶级学校。但在领导夺取苏维埃政权前后，他又不得不投入到紧张激烈的军事斗争当中，直至实行新经济政策之后，资产阶级旧学校的改造效果才得以初步显现。第三，基础文化教育设施和资料欠缺。新生的社会主义俄国陷入极度贫困的境地，青年群体中文盲众多，图书馆和阅览室的建设工作进展缓慢，图书报纸资料的分配情况也非常不平衡，大部分劳动工农缺少阅读文献著作的机会，迫切需要营造良好的社会育人环境。

二、列宁青年教育理论的现代转化与发展

如何回答我国的现实问题，马克思主义经典作家的思想理论可谓是一把金钥匙，但绝对"不能采取教条主义……实用主义的态度"①和套用模板、实践再版的固化思维，去僵化理解马克思主义经典作家的有关论述，也不能过分要求马克思主义经典作家能够超越当时历史条件的限制，为当今遇到的各种具体问题提供现成的解决方案。因此，"创造性转化和创新性发展"②的时代要求，不仅针对我国的文化建设和发展而提出，还适用于如何正确对待列宁青年教育理论，以实现经典理论融通于现代社会。

（一）列宁青年教育理论的现代转化

将列宁青年教育理论进行现代意义上的创造性转化，是使其焕发理论新生力、产生实践指引力的第一阶段。而首先需要解决的问题是，这种转化的前提性基础是什么？或者这种转化何以可能？主要体现在以下三点：一是列宁青年教育理论与中国化马克思主义青年教育理论的贯通性，二者都是马克思主义青年观和马克思主义教育思想的关键构成部分。二是能够进行现代转化的理论性质，必须具有极强的先进性和指导性，而列宁青年教育理论恰恰符合这一要

① 习近平 . 在哲学社会科学工作座谈会上的讲话［M］//论党的宣传思想工作 . 北京：中央文献出版社，2020：224.

② 习近平 . 把培育和弘扬社会主义核心价值观作为凝魂聚气、强基固本的基础工程［M］//论党的宣传思想工作 . 北京：中央文献出版社，2020：57.

求。三是我国社会主义现代化强国建设中的青年运动需要列宁青年教育理论的科学引导，同样也要求对经典理论作出符合现代社会最新特点和要求的价值呈现。

接下来，涉及对列宁青年教育理论进行有效转化的具体策略问题，可以从新的现代内涵诠释和新的现代形式表达两方面入手。在新的现代内涵诠释方面，意指把列宁关于青年教育的核心要旨、基本方法和特色创造，按照时代的新情况和新变化作出新的诠释、给出新的理解，延展其理论内涵。例如，列宁将马克思的有关理论观点首次带入社会主义国家实践并实现了进一步丰富和发展，"综合技术教育"这一概念蕴含的教育与劳动、理论与实践相结合的育人理念，对于我国全面实施劳动教育、培养时代新人、促进青年全面发展提供了理论支撑。在新的现代形式表达方面，意指学习和总结列宁在培养青年过程中使用的宣传教育手段，再结合现代化的方式方法增强青年教育的实效性。例如，列宁时代开展青年教育的手段主要集中于报纸、图书、刊物等传统媒体，现如今则可以运用青年喜闻乐见的现代化信息技术手段，联通互联网技术打造融媒体的教育矩阵。如此，可以使列宁青年教育理论既被激活了生命力，又展现了传播力，助力经典理论的经验做法完成现代性的转化。

（二）列宁青年教育理论的现代发展

将列宁青年教育理论进行现代意义上的创新性发展，是使其焕发理论新生力、产生实践指引力的第二阶段。这一阶段不仅仅停留在对列宁青年教育理论的新认知、新表达，而且在此基础之上走向更高一层次的跃升，通过紧密结合时代的发展情况和实际环境，将这一理论进行带有创新性质的"补充、拓展、完善"①。中国共产党领导包括革命青年在内的广大人民群众，经过新民主主义革命时期艰苦卓绝的团结奋斗，建立了中华人民共和国。在社会主义革命和建设时期、改革开放和社会主义现代化建设新时期、中国特色社会主义新时代，党领导人民继续创新发展包括列宁青年教育理论在内的马克思主义青年教育理论，形成了一系列中国化马克思主义青年教育理论成果，这是使中国青年运动始终可以沿着正确方向前进的根本理论基石。

在中国共产党领导青年教育的进程中，始终重视对列宁青年教育理论等经典理论作出现代发展。比如，列宁"教育联系政治"的理论主张，说明了保证青年教育政治方向正确的绝对必要性。新时代的青年教育，一以贯之强调教育的社会主义性质，同时扎根中国大地，明确要办"中国特色社会主义高校"②，要培养"立志为中国特色社会主义奋斗终身的有用人才"③。又如，列宁尤为注重青年的历史教育，增设了共产主义、革命史等历史课程。我国现代的课程设置、教学模式更为系统完善，注重让"青年……学习党史、新中国史、改革开放史、社会主义发展史"④，以此更加坚定理想

---

① 习近平. 把培育和弘扬社会主义核心价值观作为凝魂聚气、强基固本的基础工程［M］∥论党的宣传思想工作. 北京：中央文献出版社，2020：57.

② 习近平. 把思想政治工作贯穿教育教学全过程［M］∥论党的宣传思想工作. 北京：中央文献出版社，2020：276.

③ 习近平. 培养德智体美劳全面发展的社会主义建设者和接班人［M］∥习近平著作选读：第2卷. 北京：人民出版社，2023：195.

④ 习近平. 在学思践悟中坚定理想信念　在奋发有为中践行初心使命［N］. 人民日报，2020-07-01（1）.

信念。再如，列宁将青年教育与劳动实践相结合的教育方法，继承并发展了马克思主义劳动观。新时代的中国青年劳动教育，顺应现代"产业新业态、劳动新形态"①的进步，增加了"新型服务性劳动"等劳动教育内容。

（三）列宁青年教育理论的当代价值

列宁青年教育理论的现代性转化与发展，是焕活和发展经典理论整体过程的前后两个阶段，展示了科学理论体系本身固有的基本规律和思想内核，验证了马克思主义与时俱进的理论品格，实现了马克思主义经典作家理论学说的传承与创新。这一理论的现代转化与发展，有利于将列宁关于青年教育的理论精髓与现代社会青年教育的发展要求有机结合起来，目的是进一步阐明列宁青年教育理论对于当代中国青年教育事业仍然具有十分重要的理论价值和实践价值。

在理论价值的维度，列宁青年教育理论是当代中国共产党青年观的理论来源之一。中国特色社会主义进入新时代以来，以习近平同志为主要代表的中国共产党人，深刻着眼世界百年未有之大变局，从党的事业薪火相传、国家繁荣富强发展和民族复兴千秋伟业的战略全局出发，高度重视、关怀、信任青年群体，并做好、做优、做强青年教育，形成了习近平关于青年工作的重要思想和关于教育的重要论述，开辟了马克思主义青年观和马克思主义教育思想的新境界。

---

① 中共中央国务院关于全面加强新时代大中小学劳动教育的意见［M］.北京：人民出版社，2020：5.

在实践价值的维度，列宁青年教育理论当中有关青年教育的核心观点主张和基本方式方法，在当代仍然发挥着极强的实践指导作用。要将之放置于让青年更好"为祖国、为人民、为民族、为人类"①的奉献和奋斗中进行实践价值考察，找准列宁青年教育理论与新时代国家富强、人民幸福、民族复兴、人类命运的内在契合点，并研究出真正能够融入青年教育实践的周全策略，以发掘其在建设现代强国时代、创造美好生活时代、实现民族复兴时代、谋求世界大同时代的当代价值。

下面，以列宁关于青年共产主义道德教育和青年共产主义星期六义务劳动教育的思想观点为例，具体阐释列宁青年教育理论所具有的当代价值，以及如何更好发挥其在当今时代的价值。

1. 列宁关于青年共产主义道德教育观点的当代价值

虚无主义是现代人们从所谓工具理性的角度出发，对于世界一切精神至上意义或价值进行彻底否定、抛弃和背离而形成的一种消极社会思潮，虚无主义在道德领域集中表现为道德虚无主义。列宁在领导建立和巩固人类历史上第一个社会主义国家的进程中，对于道德虚无主义的批判积累了丰富经验，不但从理论上对道德虚无主义思潮的诸多表现作出揭露和辨析，而且在实践中对道德虚无主义思潮的现实危害开展回击和克服，占据了共产主义道德体系的真理与道义制高点。然而，置身今天文化多样化和社会信息化深刻演进的时代，各种繁杂的社会思潮相互激荡，国内外部分研究者对于共

---

① 习近平. 在纪念五四运动一百周年大会上的讲话 [M]// 论党的青年工作. 北京: 中央文献出版社, 2022: 218.

产主义道德还存在某些曲解，提出共产主义道德早已过时、共产主义道德实现渺茫等错误论调。因此，回顾列宁青年教育理论中关于批判道德虚无主义的理论观点和实践做法，深刻领会当中蕴藏的基本精神，将对于当前廓清人们的思想认识，重视青年群体的社会主义和共产主义道德教育，乃至推进我国公民道德建设仍然具有十分重要的意义和价值。

首先，坚定理论自信，掌握马克思主义道德观的思想武器。

列宁正是在对资产阶级道德及其相关变种思潮的批判中，确立和建构了共产主义道德的体系框架，表明只有加强共产主义道德教育，才能使在资本主义旧社会中受到熏染的人民群众，真正从思想上摆脱个人主义和利己主义的心理、行为和习惯，将共产主义道德的实践原则作为日常工作、学习和生活的价值指引。新时代中国的公民道德建设，可以从马克思主义道德观、社会主义道德观汲取丰富的道德滋养，获得穿越时空界限的价值启示，同时要"倡导共产主义道德"①，加深对共产主义道德层次性的客观理解，掌握科学的理论武器。共产主义道德作为一种最高层级的全新道德类型，在列宁的理解中，并非只是共产主义社会的道德，同时也表达了共产主义道德的理论发展规律和共产主义道德的现实实践追求等多维意涵。

当前，道德虚无主义的消极社会思潮在我国一定范围和程度上沉渣泛起，部分人们观念和行为上的表现，呈现出以"个人主义"为中心的利己主义或功利主义样态，直接映射为社会上突出的道德

---

① 中共中央国务院.新时代公民道德建设实施纲要［M］.北京：人民出版社，2019：4.

失范现象，其背后的险恶用意是背离社会主义的集体主义道德原则导向，进而否定我国的社会主义制度和党的领导。对此，必须构筑具有强大吸引力和凝聚力的社会主义道德价值，自觉运用马克思主义道德观分析和纠正社会道德领域的丑陋现象，同时阐明资本主义道德自身难以克服的精神弊端和制度缺陷，通过理论观点辨析和舆论宣传引导等具体方式和手段，在"西方之乱"和"中国之治"的鲜明比较中确立中华民族的精神独立性，增强人民的精神力量和道德境界。

社会主义"核心价值观，其实就是一种德"①，这种德是共产主义道德在社会主义初级阶段的时代表达。社会主义核心价值观凝聚了当代中国人民在价值共识上的"最大公约数"，为国家建设、社会运行、公民培育提供了普遍性、认同性、丰富性的道德价值规范，实现了对共产主义道德原则的创造性阐释和创新性发展。我国的社会主义道德建设，再度验证了一个国家要想立足于世界民族之林并保持自身的独立性，必须建立适配本国国情的核心价值体系，必须得到本国优秀传统文化的道德滋养，必须吸收借鉴人类创造的一切优秀文明成果，进而改善人民的道德面貌和社会的道德风气。

其次，加强道德实践，发挥先进道德榜样的典型示范作用。

加强共产主义道德的行动实践，是列宁进行苏维埃共产主义道德建设的方法论原则，同时也是贯穿共产主义道德产生、形成、发展全过程的一条灵魂主线。列宁在领导无产阶级同资产阶级展开的

---

① 习近平. 青年要自觉践行社会主义核心价值观［M］//论党的宣传思想工作. 北京：中央文献出版社，2020：72.

斗争实践中、在共产主义星期六义务劳动热潮的劳动实践中、在帮助群众改善困苦生存状况的日常生活实践中，涌现出了诸如不顾饥饿、不计薪酬，英勇投身义务劳动的工人，在战争前线和后方阵地敢于斗争的共青团员等一大批为赢得和捍卫社会主义国家政权而奋斗的模范人物，为苏维埃国家建设注入了强有力的共产主义道德支撑力。

与列宁时代相比，当代中国所处的历史条件和道德状况都已经发生显著变化，但当时树立和弘扬道德榜样的理念和做法依旧值得学习。不可否认，如今社会公众人物的道德举止和网络意见领袖的道德言论，以其特殊的身份和号召力，在很大程度上影响着人们的思想观念和价值取向，他们的道德行为和对于社会道德现象的评论，是大众舆论和行为方式的变量因素。与此同时，以优秀共产党员为代表的社会先进分子，正以自身大公无私的实际行动彰显着共产主义道德的光辉典范，在社会中起到了积极道德引导的关键作用，为人们作出了在公民道德行为上的率先垂范。

榜样的力量是无穷的。基于此，一方面，国家应加强对社会公众人物和网络意见领袖等社会群体，特别是新兴群体的思想政治工作，因势利导，帮助他们正确看待国家发展、社会动向、公民行为，同时严于律己，规范自身言行，为社会创造更多正能量，对与社会主义方向相抵触的失言失德行为依法划定红线，加大惩戒力度。另一方面，要在全社会大力选树"最美人物""时代楷模"等先进道德典型，借助身边榜样感人事迹的道义力量，发挥"鲜活的价值观"的示范和表率作用，引导和带动人民向可见、可感、可知的榜样学习，发挥好崇高道德模范的实践转化力量，营造表彰宣传、看齐践行的良好道德氛围。通过营造和优化道德实践的整体环境，发挥道德榜样的带动效应，形成互帮互助、共同合作、先公后私的良好道德风气，引导人们将有益于社会主义社会的道德实践作为一种新的生活方式和生活习惯。

最后，重视思想教育，提升以青年为重点对象的道德修养。

列宁将教育作为培养苏维埃工农共产主义道德品格的根本方法和策略，致力于清除资产阶级道德旧有习气在新生国家政权内的残留。对于这一方法策略的理解，要回溯到共产主义道德科学概念的提出，这显示出列宁具有极强的问题导向意识。面对苏维埃俄国需要同时推进捍卫政权和建设国家的两大方面工作任务，而战时体制又使人民的基本生活得不到有效保障，这使列宁深刻认识到，唯有从精神层面加强对人民道德品质的共产主义引导，才能更加从内在和根本上广泛调动起广大工农对于抵御外部力量干涉和赢得国内战争的信心，造就敢于斗争、高度自觉、严守纪律、团结一致的共产主义者。因而，列宁在面向带领新生年轻力量的共产主义青年团的讲话中，首次正式提出了培养人们"共产主义道德"的工作任务。

受国内外消极社会思潮和不良文化产品等因素的影响，我国部分青年人对于是非、善恶、美丑等道德规范模糊不清，拜金主义、享乐主义、极端个人主义的一些问题相对来说仍有存在空间。西方敌对势力正是在意识形态的较量中瞄准道德领域突破口，利用青年群体思想观念正在发展成熟的规律特点，企图通过资本主义社会的道德价值观念渗透，与党和国家"争夺青年"。因此，这就迫切要求我们必须继续重视和加强青年的思想教育，从党的发展、国家富强、民族复兴的战略高度，深入推进堪当民族复兴重任时代新人的培育工程，"育人的根本在于立德"①，道德教育自然成为培养人才的根本任务。

　　道德的力量也是无穷的。学校是集中、系统、正规开展道德教育的主阵地,思想政治理论课是传递道德知识与道德价值的主渠道,社会是锤炼优良道德修养的主场景。在这一过程中，尤其要注重运用列宁将青年的道德教育与社会生活紧密结合的经验做法，使青年在"学校小课堂"与"社会大课堂"的有效衔接中，既获取关于社会主义道德观的理论知识，又增强社会主义道德实践的现实操练，真正明确自身道德责任，提高道德能力。不断运用和构筑"大思政"的育人格局，通过"有声"和"无形"的道德教育，不断加大对青年的社会主义道德规范影响，从而铸就德智体美劳全面发展的社会主义建设者和接班人。

　　依前述章节所言，列宁在帝国主义和无产阶级革命、社会主义建设的时代背景下，对创建共产主义道德理论的考量与研判遵循着"破—立—展"的逻辑进路。首先，加大对资产阶级道德特征、原则、本质的持续深化认识。其次，在对资产阶级道德的批判过程中采取破立并举的策略，借以对资产阶级道德的批判来确立共产主义道德的阶级属性、实践特点、斗争精神。最后，从培养、教育、训练人们共产主义道德的角度出发，建构起一整套在社会主义国家进行青年共产主义道德教育的理论和实践体系。列宁的这些思想遗产，必将对新时代我国公民道德建设产生强大的价值理念导向作用。

---

　　① 习近平.高举中国特色社会主义伟大旗帜，为全面建设社会主义现代化国家而团结奋斗［M］// 习近平著作选读：第1卷.北京：人民出版社，2023：28.

2.列宁关于青年共产主义星期六义务劳动教育观点的当代价值

习近平在党的二十大报告中明确提出，"在全社会弘扬劳动精神"①。劳动作为人的存在方式和本质表现，将伴随着共产主义社会的实现而成为人们"生活的第一需要"。虽然列宁所处的时代与当今的时代条件和面临的现实问题已经有很大不同，但经典理论的永久价值就在于其能够跨越时间和空间的界限，经过历史岁月的沉淀，更加凸显其历久弥新的可贵之处。通过回顾列宁关于青年共产主义星期六义务劳动教育的诸多精辟论述，以及正确理解当中蕴含的基本精神和价值意蕴，将为我们加强社会主义精神文明建设、实现人民精神生活共同富裕等方面起到极为重要的启迪和借鉴意义。可以说，列宁青年教育理论中关于"共产主义星期六义务劳动"的代表性论断，其中蕴含的马克思主义劳动观的原理要义永不过时，并且具有极强的理论和现实指导价值。

第一，要持续加强劳动教育，丰富劳动教育载体及形式。

新时代，"党中央经过慎重研究，决定把劳动教育纳入社会主义建设者和接班人的要求之中"②，体现了党和国家对劳动的育人价值的充分肯定，也说明了教育过程的劳动环节在一定程度上存在着淡化和弱化的倾向。劳动教育的成功与否，直接关系着时代新人的劳动精神面貌，而列宁对于星期六义务劳动的意义和价值的有关论述，连同推广这一新的社会劳动形式的基本做法，能够为新时代

---

① 习近平.高举中国特色社会主义伟大旗帜，为全面建设社会主义现代化国家而团结奋斗 [M] // 习近平著作选读：第 1 卷 . 北京：人民出版社，2023：37.

② 习近平.培养德智体美劳全面发展的社会主义建设者和接班人 [M] // 习近平著作选读：第 2 卷 . 北京：人民出版社，2023：202.

劳动教育提供富于理论意义和实践价值的指导资源。

一方面，是如何正确认识和准确看待劳动教育。列宁对星期六义务劳动的高度赞赏，并不只是在于人们通过劳动掌握了具体的劳动技能，而是侧重劳动群众在社会主义劳动的环境下，改变对以往资本主义社会环境下劳动内涵的刻板印象和想法，逐步树立起新的劳动习惯和劳动态度，懂得劳动是为了自身、社会和国家作出贡献，将集体劳动看作是一种自我完善和发展的手段，是健康的身体的需要，而不仅仅是为了谋生。其实也就是说，劳动教育的目的内核，是让青年通过劳动实践确立起一种社会主义的劳动价值观，不但能劳动、会劳动，而且更为根本的是愿意劳动，将劳动精神内化于心。

另一方面，是怎样使得劳动教育真正取得实效。列宁领导的星期六义务劳动，不仅从理论上说明了劳动教育的含义实质，还在实践上第一次运用于社会主义国家的实际建设，形成了制度化的劳动经验。就劳动教育的方法而言，榜样教育法是一种在劳动群众中间具有引领、带动和示范教育的有效方法，特别是开展时间相对集中的劳动日、劳动周等专门劳动活动安排，更是极具借鉴意义的劳动教育策略。

第二，要尊重人民首创精神，总结推广典型经验与做法。

列宁对星期六义务劳动做法的细心捕捉，最为直接和重要的是他从中看到了劳动群众主动破除旧有的资本主义劳动风气和习惯，在无产阶级政权内部真正从事社会主义劳动的开创性举动。星期六义务劳动的首创精神在于，它既不是以往资本主义国家之间的资产阶级相互的竞争与搏斗，又不同于无产阶级夺取统治地位之前那种无产阶级反抗资产阶级的不懈斗争，而是完全在社会主义国家的政治基础上的全新劳动尝试与作为。中国共产党是马克思主义首创精神的忠实传人，"红船精神"鲜明彰显了建党历程内蕴的首创精神，造就了开天辟地、敢为人先的大事变，继而走向了为人民、为民族、为世界而不懈奋斗的人间正道。

以习近平同志为主要代表的中国共产党人，极大地丰富和发展了列宁关于首创精神的一系列经典论述，强调党的执政活动和国家的治理活动"都要尊重人民主体地位，尊重人民首创精神，拜人民为师，……深深扎根于人民的创造性实践之中"①。而要善于发现、总结和推广人民群众当中涌现出来的带有首创性质的活动，就必须将目光关注到人民日常生活的细小、平凡、生动的闪光之处。在列宁的时代条件下，他要求报刊应重点宣传报道劳动群众中带有首创意味的新闻事件，尤其是模范践行社会主义准则的先进典型事例，这一点值得新时代新闻媒体大力践行并找准自身定位。列宁认为："首创精神在群众情绪转变的背景下往往起着决定的作用。"② 在中国式现代化建设的历史进程中，越来越多的建设和发展难题是从未遇到和破解的，越来越需要更多带有社会主义首创精神的实践探索和发明，以广泛带动人民群众的普遍提倡践行，并最终惠及全体人民。

第三，要发扬伟大斗争精神，不断增强斗争能力和本领。

如果说劳动精神是列宁对星期六义务劳动的文化性凝练、首创

---

① 习近平.推进协商民主广泛多层制度化发展[M]//论坚持全面深化改革.北京:中央文献出版社,2018:137.

② 列宁.伟大的创举(论后方工人的英雄主义.论"共产主义星期六义务劳动")[M]//列宁全集:第37卷.2版(增订版).北京:人民出版社,2017:18.

精神是列宁对星期六义务劳动的人民性赞扬，那么斗争精神就是列宁对星期六义务劳动的持久性捍卫。作为社会主义国家的新兴劳动形式，星期六义务劳动是社会主义政权特有的劳动创造，列宁始终与对这一劳动持悲观、轻视和责难的资产阶级态度作斗争，提醒劳动群众认识到斗争的反复性和复杂性，保持斗争耐心，要不畏艰难险阻、勇于试验。同时，列宁发挥星期六义务劳动对于增强党的先进性和纯洁性的关键作用，认为将未能经受住劳动检验的党员清除出党是必要的，减少的党员数量会提高党的整体质量。纵然列宁所言的斗争从对象性指向来看是一种阶级斗争，但其中涵盖的精神主旨却是能够穿越过往历史发展阶段的，本质上是无产阶级面向共产主义事业所保有的一种勇往直前、坚韧不拔、巧妙灵活的斗争精神，时至今日也对我国进行社会主义现代化建设事业有所启迪。

习近平同志多次强调发扬斗争精神的时代要求和方法策略，认为世界变局之下的各种风险挑战愈加严峻多变，必须随时准备斗争、随时能够斗争，而且要取得斗争胜利，指出"顽强的斗争精神、坚韧的斗争意志、高超的斗争本领"①的新时代进行伟大斗争的品质要素。这就要求面对新的历史特点，一是要敢于斗争，赓续和传扬党的百年奋斗的历史经验传统；二是要持于斗争，用至上信仰战胜前进道路上一时一刻的艰难困苦；三是要善于斗争，勤于学习，经受住思想、政治和实践上的洗礼，牢固掌握斗争艺术。唯有如此，才能在大局的不断变化中寻求我国发展的确定性。

---

① 习近平.发扬斗争精神，增强斗争本领［M］∥习近平著作选读：第2卷.北京：人民出版社，2023：260.

总之，列宁关于"共产主义星期六义务劳动"的经典性论述和代表性论断，是马克思主义思想理论宝库不可或缺的财富泉源，是马克思主义劳动观的重要组成部分，是新时代中国特色社会主义劳动思想的根本理论依据。列宁之所以高度称赞星期六义务劳动的重大意义，是因为"在这种极小的事情中开始出现了某种共产主义的东西"①，这种以小见大、见微知著的理论和实践思维，同样为新时代治国理政提供了极具价值的方法论原则。在全面推进中华民族伟大复兴的伟大征程中，既要深刻领会列宁关于劳动"本体论"的思想观点，坚定人类劳动发展的终极指向和目标归宿，提升参与劳动的思想境界，又要汲取运用列宁超脱于劳动的"方法论"思维方式，增强工作、研究和生活的预见性和洞察力，为全面建成社会主义现代化强国贡献青春智慧与力量。

三、列宁青年教育理论对思想政治教育的启示

科学思想理论的魅力，不光在于敏锐观察和分析其产生时代的各种现象和问题，制定合理可行的解决办法或方案，更加在于它能够穿破层层的历史迷雾，为未来人类社会面临的新课题与新挑战提供行动指南。列宁青年教育理论正是这样的科学思想理论，特别是其中蕴藏的丰富青年思想政治教育资源，阐明了面向青年进行无产阶级意识形态教育的基本原理和方法，为当代青年思想政治教育出

---

① 列宁．俄共（布）莫斯科市代表会议文献：关于星期六义务劳动的报告［M］∥列宁全集：第38卷．2版（增订版）．北京：人民出版社，2017：37.

现的新情况和新问题给出了马克思主义本源意义上的正确方向指引。

（一）汇聚青年思想政治教育主体的强大合力

青年思想政治教育主体，既要承认并尊重青年作为教育对象的主体性地位，又要切实履行好教育活动所要求的承担、发动、组织、实施等各项职能，有着个体化与群体化两种存在形态。列宁时代开展青年教育的"个人"主体是指青年思想政治教育工作者，开展青年教育的"群体"主体是指俄国共产主义青年团和教育人民委员部。他多次对各教育主体的具体工作任务作出指导，并表达了"全员育人"的主体合力构想，各教育主体既要各司其职、做好本职工作，又要将产生的教育影响统一聚合于青年思想政治教育目的，共同指向是培养出政治上、思想上、道德上符合无产阶级要求的共产主义青年。这对于新时代青年思想政治教育主体应具备何种能力素质，有着十分重要的启示作用。

1. 当好党的助手和后备军的共产主义青年团

新时代共青团的各项任务，都可以总结和归纳于一点，就是要立足"党的助手和后备军"[①] 这个根本政治定位。这既契合了列宁对共青团在青年思想政治教育作用发挥中的双重定位，又成为新时代共青团开展青年工作的根本要求。

第一重定位是"党的"共青团，在新时代意指保持和增强共青团的政治性。共青团作为党直接领导的群团组织，政治性是其第一

---

① 习近平.党旗所指就是团旗所向［M］∥论党的青年工作.北京：中央文献出版社，2022：155.

属性和灵魂，是与一般社会组织相区别的根本标志。习近平指出，共青团要"坚持为党育人，始终成为引领中国青年思想进步的政治学校"①。共青团对于青年的教育，必须将党的统一、全面和正确领导贯穿始终，使之转化为检验青年教育成效的政治自觉、政治标准和政治任务。特别是在政治品质上，共青团干部要"不断提高政治判断力、政治领悟力、政治执行力"②。在组织意义上，表现为继续发扬"党有号召、团有行动"的光荣传统；在群体意义上，表现为引领青年一代怀揣永久"听党话、跟党走"的政治初心，这两个层面也可以看作是对于列宁"党性"要求的当代表达。另外，党对共青团的领导绝不意味着阻碍其开展青年工作的独立自主性，而是"要给群团组织留出创造性开展工作的空间"③，进一步改革创新对其领导的体制机制，不断增强党性和突出服务性，做到"方向管"与"方式放"的有机统一。

第二重定位是当好"助手和后备军"的共青团。这从现实和未来两个维度揭示出，共青团不但要培养社会主义的建设者，而且要完成造就社会主义接班人的根本任务，在新时代还意指保持和增强共青团的先进性、群众性。一方面，先进性是共青团的天然属性，这是由其先进团员青年的成员构成所决定的。只有理想信念先进，团组织才能切实把广大青年群众吸引和凝聚在自身周围并带领他们

①习近平.在庆祝中国共产主义青年团成立一百周年大会上的讲话［M］//论党的青年工作.北京:中央文献出版社，2022：7.

②习近平.立志做党光荣传统和优良作风的忠实传人 在新时代新征程中奋勇争先建功立业［N］.人民日报，2021-03-02（1）.

③习近平.在中央党的群团工作会议上的讲话［M］//中共中央文献研究室.习近平关于青少年和共青团工作论述摘编.北京：中央文献出版社，2017：106.

向党组织靠拢；只有工作服务先进，团组织才能在为党和国家工作大局战斗的主线中明确自身方向、实现自身价值。另一方面，群众性是共青团的根本特点，青年群众是其联系、引导、团结和教育的绝对主体。与列宁时代具体情况有所不同的是，新时代共青团要使开展工作的触及范围能够"扩大有效覆盖面"①，既要在新领域和新阶层等线下"有形"的青年对象中，加强组织建设并做好服务工作，又要在纷繁复杂的网络空间内，针对线上"无形"的青年对象发挥更多的弘扬主旋律作用。因此，团组织必须充当好党联系青年群众的桥梁纽带，坚决扛起帮助党夯实执政基础的政治责任，不忘"服务"青年成长、成才与发展的初心。

2. 站稳社会主义意识形态立场的思政工作者

如果说共青团是从组织层面展开育人活动，那么思想政治教育工作者则是在个体层面进行青年教育。思想政治教育工作者将青年作为重点教育对象之一，他们以各级各类政工干部、教师、班主任、辅导员等身份工作在企业、农村、机关、学校、社区、军队等场所。列宁尤为重视在社会主义学校中面向青年开展最为直接和系统的教育，面对新旧社会制度之交的客观现实，选派拥护无产阶级专政新政权、热爱工人阶级和劳动人民的教师从事青年教育工作就被摆在了首要位置。现如今在学校特别是高等学校，知识分子之间各种思想观点交锋最为激烈，当中不乏意识形态的角逐和较量，广大教师必须从维护国家政治安全的认识高度，站稳社会主义意识形态立场，

---

① 习近平. 团结带领广大青年在实现中华民族伟大复兴的征途中续写新的光荣 [M] // 论党的青年工作. 北京: 中央文献出版社, 2022: 31.

加强对青年学生的思想政治教育。

教师是教育的关键，思想政治理论课是课程的关键，思想政治理论课教师就成为青年思想政治教育课堂主渠道的关键。新时代的思想政治理论课，越来越无法被一般的人文科学或社会科学课程所替代，思想政治理论课教师也逐步成为学校思想政治教育工作队伍的坚实力量。所有教师，特别是思想政治理论课教师，职业素养排在第一位的永远都是"政治要强"①。必须从维护国家政治安全的思想和认识高度，站稳社会主义意识形态立场，加强对青年学生进行主流价值观的教育，及时疏通学生"思想堵点"，帮助他们修建畅通无阻"成长道路"。正确的理想、坚定的信念是思想政治理论课教师的首要必备特质，只有信仰坚定，坚守马克思主义的正确政治导向，才能当好青年学生成长成才道路上的引路人。这一素养延伸至教学之中表现为"坚持政治性和学理性相统一"②，具体体现在用学理化的政治表达征服和引领青年学生，有效充分发挥思想政治理论课在坚持党的执政领导地位、维护社会主义制度稳定等方面的教育引导优势功能。此外，团的干部专门从事青年工作，是青年思想政治教育工作队伍的另一支重要力量。他们同样需要坚定自身的理想信念，掌握科学理论，加强思想道德修养，如此才能号召和带动起广大青年走中国特色社会主义道路的信仰、信念和信心。

3.努力办好人民满意的教育事业的教育部门

---

① 习近平.思政课是落实立德树人根本任务的关键课程［M］//论党的宣传思想工作.北京：中央文献出版社，2020：379.

② 习近平.思政课是落实立德树人根本任务的关键课程［M］//论党的宣传思想工作.北京：中央文献出版社，2020：383.

　　教育部门在青年思想政治教育过程中处于指导、支持和保障的中心地位，发挥着制度育人、政策育人、机制育人等独特作用。列宁对为党工作的教育人民委员部提出了极高要求，指出教育部门必须高度重视人民获得知识、接受教育的强烈意愿，提高为社会主义国家工农群众服务的能力和水平。新时代努力"办好人民满意的教育"①事业，是关乎人民美好生活水平的极为重要的组成部分，彰显出中国共产党人"人民至上"的根本政治立场和政治价值。在青年思想政治教育的场域中，"人民满意"包含着两层含义，一层是使青年本身满意其所接受的思想政治教育，另一层是让社会大众满意青年思想政治教育诸多举措的最终效果呈现。而达到二者的辩证统一，既需要立足时代客观要求、结合青年现实特点，统筹推进青年教育事业的综合化、立体化改革，打造多方位的现代育人格局；又需要为青年搭建人生出彩的广阔舞台，锻炼他们服务人民的一流能力和奉献社会的责任担当。

　　教育事业是党和国家各项事业发展的先行官、先手棋，是完成好民生工作的首位任务，关系着党和国家未来的长远健康发展。繁荣教育事业，要以"先"字当头，将其放在优先发展的战略位置，树立"教育第一"的正确理念，特别在推进青年教育的过程中，应以青年成长成才作为中心任务，先谋划一步、先行动一步、先落实一步，标定工作全过程的为民导向和务实导向，同时须将思想政治工作贯穿其中。列宁以"求实"的工作态度开拓出了社会主义国家

---

　　① 习近平. 高举中国特色社会主义伟大旗帜，为全面建设社会主义现代化国家而团结奋斗［M］// 习近平著作选读: 第 1 卷 . 北京: 人民出版社，2023: 28.

青年教育领域的崭新天地，转换为新时代的表达可以理解为教育部门应达成实际、实在、实干的"三实"目标。"实际"是要真正洞悉青年思想政治状况，找准症结，拿出真招实招尽力解决现存问题，为其他教育主体施教提供政策工具。"实在"是要切实推出能够增强思想政治工作队伍获得感的具体措施，如提高教师的薪资待遇和地位声望，真正实现"让教师成为让人羡慕的职业"①的改革目标。"实干"是要提升推动青年教育事业发展的可靠工作能力，朝着人人成为教育家的高标准努力奋斗，还应大力问计于由专家学者组成的高端智库，确保各项决策部署的科学化、民主化水平。

（二）丰富青年思想政治教育内容的时代内涵

无产阶级青年教育的根本目的，在于通过德育、智育、体育、美育、劳育等综合协调的育人过程，培养和造就全面发展的社会主义建设者和接班人。德育统领并融入其他各育当中，其他层面的教育又为德育提供有力支撑，它们之间是相互联系、密不可分的有机整体。作为德育关键组成部分的青年思想政治教育，被列宁放在青年教育的首要引领位置，基本划分为世界观、人生观、道德观等三方面内容。列宁青年教育理论，内蕴着能够有力提升青年思想道德品行的教育内容，主要体现在教育青年怎样观察世界、怎样过好人生、怎样锤炼品德。利用、理解并把握好这三方面内容的本质要求，同时为其注入新的时代内涵，既可以使青年思想政治教育不失本真理论韵味，

---

① 《习近平总书记教育重要论述讲义》编写组 . 习近平总书记教育重要论述讲义［M］. 北京：高等教育出版社，2020：222.

又能结合新时代教育实践要求来实现创新发展。

1.开展明辨社会思潮的马克思主义世界观教育

世界观教育要以明辨社会思潮为重要基础。社会思潮作为一种特殊的群体性社会意识，介于社会心理意识和思想理论体系之间，具有社会维度的现实复杂性和理论维度的价值多元性，有着其自身特有的发生、发展和衰退的动态过程与流变规律。每一个历史阶段、历史时期，都会产生在当时历史条件下盛极一时的思想潮流和思想倾向，反映出不同时代的社会现实问题和理论发展水平在人们思想和行为方面的集中显现和迸发。青年时期是个人价值观形成并确立的关键时期，青年因思想品德素质还未塑造成熟完善，缺乏必要的判断力、鉴别力，极易受到各种社会思潮的感染和影响。列宁时代的俄国正是各式各样社会思潮盛行角逐的时代，列宁不仅没有忽视和回避社会思潮对青年的渗透影响问题，还反而建议青年要从马克思主义的立场出发，切实研究国内外民粹主义、机会主义等"正在进行斗争的各先进派别之中的主要思潮"[1]，以此更好地加深青年对马克思主义世界观的科学信仰和严密掌握，提升自身基于马克思主义理论武器的观点辨析力。

随着我国改革开放逐步走向深入，文化更加多样化，社会更加信息化，国外特别是西方先进技术和文化产品等涌入的同时，必然裹挟和掺杂着性质不一的社会思潮，直指青年群体寻找滋生土壤。另外，国内一些反动社会思潮也伺机旧调重弹、沉渣泛起。消极、

① 列宁.为俄国社会民主工党第二次代表大会准备的决议草案：关于对青年学生的态度的决议草案［M］//列宁全集：第7卷.2版（增订版）.北京：人民出版社，2013：235.

落后和腐朽的社会思潮，带着意识形态的偏见，宣扬资产阶级的错误观点，妄图撬动中国社会主义大厦的根基。面对这一潜在危险，在青年思想政治教育的过程中，必须坚决制止并予以主动回击。要培养青年树立正确的思想政治观点，就应"引导团员和青年认真学习领会新时代中国特色社会主义思想，努力掌握这一科学思想的世界观和方法论，善于运用贯穿其中的立场观点方法分析问题"[①]，牢固掌握新时代中国最为先进的科学理论武器。同时，要教育青年在"正确认识中国特色和国际比较"[②]中加深对新时代中国和外部世界的全面、客观、准确的认识，提高青年对形形色色社会思潮的审视与辨别能力。通过研究和比较，可以起到助推青年对辩证唯物主义和历史唯物主义世界观的认同和践行作用，在对比、批判中吸收有益的内容，走好未来人生路，确立正确的价值标准、价值尺度，传播和推动符合无产阶级方向的社会思潮发展，能够对外传播好和表达好马克思主义的世界观。

2. 引导青年为实现中国梦而奋斗的人生观教育

人生观教育要以奔向民族复兴为核心目标。人生观是在正确认识世界的前提下，对人生价值的进阶思考与表达。青年的人生观关乎青年如何看待生活的意义、生活的动力、生活的目标等问题，是世界观在人生目的和价值上的进一步指导和反映。可以说，有什么样的世界观，就有什么样的人生观，它们是使青年能够坚定理想信

① 习近平.切实肩负起新时代新征程党赋予的使命任务　充分激发广大青年在中国式现代化建设中挺膺担当［N］.人民日报，2023-06-27（1）.

② 习近平.把思想政治工作贯穿教育教学全过程［M］//论党的宣传思想工作.北京：中央文献出版社，2020：277.

念的"总钥匙"。马克思主义的世界观决定了只有全心全意为人民服务、为共产主义事业奋斗终身才是唯一正确的人生观，决定了青年的人生观要达成个人全面发展与服务国家发展的同向共生。列宁倡导青年要向共产党人学习，将从事并献身于革命事业作为自己的人生志向，树立完整且严密的革命人生观。新时代青年的人生观教育，要放到世界大变局和国家全局当中加以考量，鼓励青年积极主动参与强国建设、民族复兴的伟大历史进程。必须引导青年一代将个人梦融入到中国梦、在中国梦下实现个人梦，从个人梦与中国梦相一致的正确观念中定义人生价值，提升为实现中国梦而接续奋斗的信心和能力，扎牢"梦想从学习开始"①的正确观念，努力成长为真正能够"担当民族复兴大任的时代新人"②，这也成为新时代中国青年运动的主题和方向。

"心有所信，方能行远"③，各行各业青年要在中国梦的指引下找寻人生道路，在青春奋斗中建功立业新时代。具体来讲：面向青年工人，要加强传承劳模精神、工匠精神教育，培养他们高尚的职业操守和职业追求，通过苦练职业技能本领，深化对本职工作岗位的敬畏之心，明确爱岗敬业的使命担当。面向青年农民，要开展乡村振兴战略的政策教育，鼓励他们返乡干事创业、兴农富农，争当现代新型职业农民，在社会主义新农村的广阔天地中施展才能。面

---

① 习近平.在实现中国梦的生动实践中放飞青春梦想 [M] ∥习近平谈治国理政：第 1 卷 . 2 版 . 北京：外文出版社，2018：51.

② 习近平.高举中国特色社会主义伟大旗帜，为全面建设社会主义现代化国家而团结奋斗 [M] ∥习近平著作选读：第 1 卷 . 北京：人民出版社，2023：36.

③ 习近平.在学思践悟中坚定理想信念　在奋发有为中践行初心使命 [N] . 人民日报，2020-07-01（1）.

向青年学生，要使他们做到"勤于学习、敏于求知，注重把所学知识内化于心，形成自己的见解"①，在学校中不断学习科学文化知识，刻苦钻研学问，充实自身头脑，为建设学习型社会和学习强国贡献力量。面向青年军人，要把军魂教育作为重要着力点，促使他们绝对做到爱党、爱国、爱人民、爱军队的高度统一，在军旅生涯中能够打硬仗、打苦仗、打胜仗，扛起保家卫国的重大责任。

3.强化社会主义核心价值观引领的道德观教育

道德观教育要以核心价值观念为关键引领。列宁作为"共产主义道德"这一原创性概念的首提者，是在面向青年群体和青年组织发表讲话时第一次明确提出的，可见他将共产主义道德在青年人中间的教育问题放在极端重要的位置。作为复合词语的"共产主义道德"，揭示了道德的共产主义性质、内容和要求，带有鲜明的阶级立场。在列宁领导布尔什维克政党夺取和捍卫无产阶级政权的阶段，共产主义道德完全服务于无产阶级的阶级斗争，彻底否定资产阶级虚假旧道德的存在意义，充分发挥了在社会主义新国家、新社会、新人民中无可比拟的思想团结力、理论创造力、行动号召力。现如今，共产主义道德依旧闪耀着马克思主义道德观的璀璨光芒，是最高的道德类型、道德形态和道德阶段，其所提倡的根本立场、根本原则和根本要求，历经岁月的沉淀和时间的打磨越发显得弥足珍贵，值得永久继承与发扬。但是，我国仍处于并将长期处于社会主义初级阶段的基本国情，决定了共产主义道德的价值目标当前还并不能

---

① 习近平.青年要自觉践行社会主义核心价值观［M］//论党的宣传思想工作.北京:中央文献出版社,2020:77.

在全体人民中得以全部实现，现阶段重点需要持之以恒地建设具有强大引领力和凝聚力的社会主义道德。

正如前所述，社会主义"核心价值观，其实就是一种德"①。它蕴含着当代中国在处理人与人之间、人与社会之间、人与国家之间关系问题上共同的价值追求，传递着我国当代道德追求的社会主义价值方向，已经被纳入新时代公民道德建设的"总体要求"和"重点任务"②当中，并"引领文化建设制度"③。美好道德是立人立身之根本，新时代要面向广大青年加强开展以社会主义核心价值观为引领的道德观教育，帮助他们锤炼道德品质修养、遵守道德认知规范、推动道德养成实践。一是以集体主义、热爱祖国和人民为主要内容的国家"大德"教育，集体主义原则是社会主义道德最为核心的内容，青年只有深明集体利益第一才能够报效祖国、服务人民，做到"大德铸魂"④。二是以社会公德、职业道德为主要内容的社会"公德"教育，这是青年在公共生活和职业活动中应遵守的最基本准则，做到"公德善心"⑤。三是以家庭美德、个人品德为主要内容的个人"私德"教育，使青年在恋爱、婚姻、家庭和个人品行等方面严于律己，符合无产阶级的利益要求，做到"品德润

① 习近平.青年要自觉践行社会主义核心价值观［M］//论党的宣传思想工作.北京：中央文献出版社，2020：72.

② 中共中央国务院.新时代公民道德建设实施纲要［M］.北京：人民出版社，2019：3-9.

③ 中共中央关于坚持和完善中国特色社会主义制度　推进国家治理体系和治理能力现代化若干重大问题的决定［M］.北京：人民出版社，2019：23.

④ 习近平.培养德智体美劳全面发展的社会主义建设者和接班人［M］//习近平著作选读：第2卷.北京：人民出版社，2023：198.

⑤ 习近平.培养德智体美劳全面发展的社会主义建设者和接班人［M］//习近平著作选读：第2卷.北京：人民出版社，2023：198.

身"①。

（三）凸显青年思想政治教育方法的实践指向

列宁是正式系统全面提出"灌输论"的第一人，他的这一理论体现着思想政治教育的本质要求。然而，"灌输论"经常受到一些不明真相的人的争议、误解，甚至批评。其实，区别于西方教育学的知识灌输，列宁语境下的灌输理论更多的是强调一种教育理念和原则，并不是所谓的具体教育方法。列宁本人就十分反对"简单生硬地把政治灌输给尚未准备好接受政治的正在成长的年青一代"②，主张青年教育不能拘泥于教室内、校园里，而是要联系到社会上、生活中，必须将青年教育与党的关怀、社会生活、现实斗争相结合，以凸显青年思想政治教育方法的实践指向。

1. 共产党人做好青年的知心人热心人引路人

中国共产党要领导青年，首先就要让青年人得到优质发展。在党和国家的各项事业中，教育事业被摆在优先位置，处在先行的特殊位置，而事业要不断取得发展，就必须让"青年首先要发展"③。因此，青年教育事业的发展必须处处走在前列、干在实处，归位于党的集中、统一、正确领导之下。列宁进行青年思想政治教育方法的实践意蕴，不仅体现在对青年教育对象开展实践育人活动，还着

---

① 习近平.培养德智体美劳全面发展的社会主义建设者和接班人［M］//习近平著作选读：第2卷.北京：人民出版社，2023：198.
② 列宁.在全俄国际主义者教师第二次代表大会上的讲话［M］//列宁全集：第35卷.2版（增订版）.北京：人民出版社，2017：422.
③ 中共中央国务院.中长期青年发展规划：2016—2025年［M］.北京：人民出版社，2017：3.

眼于使党员干部真正下沉到广大青年之中，在实践意义上切身与青年接近接触、交往交流。新时代历史方位下的党与青年关系，就是"坚持党管青年原则"①，中国共产党人要知心于青年、热心于青年、引路于青年。

第一，"做青年朋友的知心人"②。"知心人"代表着党员干部要主动与青年拉近彼此距离，加强心灵沟通，知晓青年成长、学习、工作、生活、家庭的实际情况。了解青年所思、所想、所感最为重要的前提，就是与他们广泛建立省去"中间环节"的"直接联系"机制，这也是列宁反复强调要求并值得借鉴之处。正如习近平同志曾特别强调："如果每个团干部都有二三十名贴心的青年朋友，那做工作就不一样！"③

第二，"做青年工作的热心人"④。"热心人"一词展现了党员干部要在亲近青年基础上的更高期待，即提升为青年服务的能力和本领，旨在帮助他们更好解决面临的各种前所未有的实际困难。需要时刻加紧学习，扩充知识储备，在书本理论和基层实践中掌握青年工作要领，在与新兴青年群体的密切交往中，探索出做好青年工作事半功倍的新办法。

---

① 中共中央国务院.中长期青年发展规划：2016—2025 年 [M].北京：人民出版社，2017：4.

② 习近平.在纪念五四运动一百周年大会上的讲话[M]∥论党的青年工作.北京：中央文献出版社，2022：214.

③ 习近平.团结带领广大青年在实现中华民族伟大复兴的征途中续写新的光荣 [M]∥论党的青年工作.北京：中央文献出版社，2022：38.

④ 习近平.在纪念五四运动一百周年大会上的讲话[M]∥论党的青年工作.北京：中央文献出版社，2022：215.

　　第三，"做青年群众的引路人"①。之所以要引路，是因为青年容易走偏路、走弯路、走错路，容易存在"急于求成、自以为是、朝令夕改、眼高手低"②等短处。党员干部要及时引导青年、善于包容青年、耐心对待青年，极力把他们领入通往党组织的康庄大道，特别是选拔出产业工人、农民、学生、军人中的优秀青年，使他们接受党的培养、教育和考察，进而成为充实党的青春力量。

　　2.借助社会实践实现育人与育才的目标统一

　　中国特色社会主义教育的培养目标是为党铸魂育人、为国培育英才，实现"育人和育才相统一"③。社会实践是检验育人和育才成效的试金石、金标准，也是列宁进行青年思想政治教育最为特色的方法和最为突出的特点。只有借助真实的劳动实践、生活实践、工作实践，才能更好验证青年是否养成了学习理论知识后的实践运用能力，才能更好判断青年是否兼具了高尚的德行和卓越的才华，才能更好观察青年是否将思想道德修养放在了绝对优先的位置。

　　首先，新时代劳动教育具有综合性的育人和育才价值，在德与智两方面发挥着独特的"可以树德、可以增智"④作用，劳动教育的主要内容也由马克思主义经典作家提出的"生产劳动"，继续扩展增加了符合学生特点、体现时代特征的"日常生活劳动"和"服

---

①习近平.在纪念五四运动一百周年大会上的讲话［M］//论党的青年工作.北京:中央文献出版社，2022:215.

②习近平.从政杂谈［M］//摆脱贫困.福州:福建人民出版社，1992:25-28.

③习近平.在北京大学师生座谈会上的讲话［M］.北京:人民出版社，2018:7.

④习近平.培养德智体美劳全面发展的社会主义建设者和接班人［M］//习近平著作选读:第2卷.北京:人民出版社，2023:202.

务性劳动"①。青年通过劳动实践，有利于树立马克思主义的正确劳动观念和练就适应时代发展的劳动技能，达到提升勤于劳动意识、崇尚美好劳动精神、形成良好劳动习惯的教育目标。

其次，生活实践是青年参与公共生活的必经之路，将会考验他们"以德为先"的价值立场。青年在亲身经历经济生活、政治生活、文化生活、社会生活的过程中，要将自身对社会的贡献度作为衡量人生价值的根本尺度，争取做到"知行合一"，理性诚信消费，守法生产经营；有序政治参与，争当国家主人；传承优秀文化，弘扬时代旋律；立志服务社会，严守个人作风。

最后，青年从事的工作实践，是所学书本知识与本职工作岗位的高度结合点，必须以无产阶级立场和社会主义事业为根本出发点，让聪明才智在为党和国家的热情奉献中得以充分涌流。新时代更加需要青年拥有立足"伟大事业"的宽广视野与深厚情怀，更多参与公益事业和志愿服务工作，让共产主义的"星星之火"得以不断兴旺传递。

3. 通过现实斗争考验培养有本领的时代新人

列宁领导建立的社会主义新俄国，是在革命斗争中诞生、在艰苦斗争中捍卫、在奋勇斗争中建设起来的，是在教育动员青年进行斗争参与、开展斗争学习、传承斗争精神中发展壮大起来的。如果缺少坚定无畏的斗争意志和灵活多变的斗争策略，全世界特别是俄国广大劳苦人民将在资本主义制度的黑暗社会中摸索更长时间，将

---

① 中共中央国务院关于全面加强新时代大中小学劳动教育的意见［M］.北京：人民出版社，2020：5.

为寻求到社会主义制度的光明社会付出更久努力。新时代，全世界范围内的力量格局加速变化调整，面对国际国内两个大局、外部内部两大环境、发展安全两件大事，我国面临的各种风险挑战和考验危险必将会层出不穷、复杂多变、难以预料，贯穿实现中华民族伟大复兴的全部过程。因此"必须进行具有许多新的历史特点的伟大斗争"[1]，青年作为实现"伟大梦想"的生力军和排头兵，决定着全面建成社会主义现代化强国的奋斗目标能否如期达成，也决定着这一"伟大斗争"的最终结局。

社会主义发展史就是一部苦难辉煌的斗争史。社会主义每前进一步，总要伴随着与当时历史条件下的资本主义的激烈斗争。从世界社会主义五百年的大历史观出发，社会主义必然代替资本主义的历史趋势完全没有改变，但是无产阶级与资产阶级之间的斗争较量还将长期存在，需要青年在新时代的伟大斗争实践中坚守社会主义的根本立场、根本方向和根本原则。时代新人参与的伟大斗争具有鲜明的民族复兴特点，这要求在培养时代新人的过程中，其一，要融入"大历史"思维。通过党和国家的伟大斗争历程树牢社会主义和共产主义的理想信念，借助社会主义五百年的斗争发展增强信心，从党史中凝练总结出宝贵的"丰富斗争经验"[2]，教育青年面对未知风险要"不断增强斗争意识"[3]。其二，要培养青年"狭路相逢

①习近平.决胜全面建成小康社会，夺取新时代中国特色社会主义伟大胜利［M］∥习近平著作选读：第2卷.北京：人民出版社，2023：13.

②习近平.开展党史学习教育要突出重点［M］∥习近平著作选读：第2卷.北京：人民出版社，2023：423.

③习近平.开展党史学习教育要突出重点［M］∥习近平著作选读：第2卷.北京：人民出版社，2023：423.

勇者胜"①和"越是艰险越向前"②的斗争精神。出生、成长和生活在和平年代的新时代中国青年，大多无法经历和参与如同列宁时代一样的直接军事斗争，但当前我国改革发展稳定任务充满着矛盾、挑战和危机，需要青年在思想上高度警惕并做好准备，在关键时刻须展现"大无畏气概"③和"敢于斗争、敢于胜利"④的党性品格和意志。其三，要增强青年"善于斗争"⑤的斗争本领。增强本领的前提是学习掌握马克思主义基本原理，特别是党的创新理论成果。青年只有手握习近平新时代中国特色社会主义思想的科学理论武器，才能在斗争一线出奇制胜、占领高地。同样，青年只有置身真实的伟大斗争实践，才能更加坚定思想信仰，为中国特色社会主义共同理想和共产主义远大理想而顽强拼搏与奋斗。

（四）优化青年思想政治教育环境的协同效果

环境能够影响青年、改变青年、塑造青年，思想政治教育同样是在多种多样的环境中来开展育人活动的。环境系统是"全方位育人"系统格局中的重要组成部分，这里的"环境"主要指包含学校

---

① 习近平 . 在第十九届中央纪律检查委员会第二次全体会议上的讲话 [M] // 中共中央党史和文献研究院，中央"不忘初心、牢记使命"主题教育领导小组办公室 . 习近平关于"不忘初心、牢记使命"论述摘编 [M] . 北京：党建读物出版社，2019：172.

② 习近平 . 在"不忘初心、牢记使命"主题教育总结大会上的讲话 [M] . 北京：人民出版社，2020：3.

③ 习近平 . 在全国抗击新冠肺炎疫情表彰大会上的讲话 [M] // 中共中央党史和文献研究院 . 习近平关于统筹疫情防控和经济社会发展重要论述选编 . 北京：中央文献出版社，2020：9.

④ 习近平 . 在湖北省考察新冠肺炎疫情防控工作时的讲话 [M] // 中共中央党史和文献研究院 . 习近平关于统筹疫情防控和经济社会发展重要论述选编 . 北京：中央文献出版社，2020：119.

⑤ 习近平 . 发扬斗争精神，增强斗争本领 [M] // 习近平著作选读：第 2 卷 . 北京：人民出版社，2023：259.

和社会等范畴在内的各类思想政治教育环境。列宁在照顾青年身心特点的基础上，注重挖掘环境中的优势特色育人因素，调整与社会主义教育目的不相适应的劣势因素。从而，优化青年思想政治教育的学校、军队、社会环境，加强各环境之间的彼此协调配合，共同营造出良好的成风化人环境。

1. 营造启发青年思考的社会主义学校环境

俄国资产阶级旧学校不愿意也不允许青年拥有自己的独立思维，这种学校用充满资产阶级意味的条框式政治知识将青年紧紧束缚起来，使青年的思维逐渐僵化，以便于维护资本主义的黑暗统治。列宁认为，无产阶级新学校的办学方向和办学理念与之完全相反，他强烈反对学校的强迫性、知识的教条性、学习的被动性，提出了让青年学生充满思考力的新命题。现如今，如何增强学生的思考力，营造有利于启发青年思考的学校环境，破除长期以来应试教育所造成的诸多痛点和弊端，仍然是各级各类学校需要回答好的新时代命题。回答这一命题的前置性要求，就是明确"为谁思考"的根本问题。学校教育必须引导学生成为拥护党的领导和社会主义制度的新时代青年，使他们能够站在无产阶级的立场去思考审视外部世界，自觉摆正个人发展和祖国至上的关系。

学校教育营造出的教育环境，不仅要让青年学生清楚应该"为谁思考"，还需懂得"思考什么"和"如何思考"。教育过程不是死记硬背的过程，而是逐步增进学生对于客观事实的了解，在怀疑批判中彻底掌握扎实学识，最后真正将知识融会贯通地运用到社会生活实践的过程，这个过程离不开多方位优质教育环境的营造。一是课堂价值观的正向传递。无论是思政类的课程，还是其他类的课程，最终的目标任务都是立德树人，向学生进行正确情感、态度和价值观的传递，实现其他类课程更多产生"课程思政"的育人导向。二是课下教职工的言行一致。任课教师、辅导员、政工和后勤队伍与学生在课堂之外有着大量接触，会对学生产生"润物细无声"的影响，需要严格规范自身的言论和行为，发挥"管理育人"与"服务育人"的重要作用。三是校园文化活动的丰富开展。"第二课堂"和"第三课堂"是丰富学生课外、校外生活的重要途径，也是学生在社团活动、创新创业、下乡实践等环境中获得人生经验、确立人生方向的重要渠道，因此特别需要精心地营造校园文化育人环境。

2. 营造铸就青年军人革命灵魂的军队环境

思想政治工作是党和国家各项工作的生命线，同时也是新时代军队一切工作的生命线。要通过开展有效的思想政治教育活动净化军营环境，引导青年军人在党性和人民性的革命锻造中切实提高战斗力，为实现新时代强军兴军的宏伟目标而不懈奋斗。

一方面，在思想意识领域高擎理想信念旗帜，引领军队舆论环境。青年军人的思想政治教育归根结底是为随时可能投身的军事斗争服务的，只要理想信念之魂不倒，就有克敌制胜、抵御挑战的不竭精神力量。围绕新时代革命军人"有灵魂、有本事、有血性、有品德"①的四方面必备素质，需要结合青年思想特点和军队建设要求，加深政治理论课程的讲授，帮助青年军人解答思想困惑，聚焦"为谁而战"的价值坚守。还要在日常的军营训练和生活中树立榜样典型，表明

① 习近平.充分发挥政治工作对强军兴军的生命线作用[M]//习近平谈治国理政:第2卷.北京:外文出版社，2017: 402.

优秀军人应有的政治水平、作战能力、坚韧毅力和道德品行，通过榜样的力量促进军队向上向善的整体风气不断提升。

另一方面，在一流人民军队本色中坚持党性原则，打造铸魂育人环境。党的军队就是人民的军队，人民军队必须听从党的指挥，党性原则是军队最具根本性的政治原则，代表着军队向党、军队为民的政治本色。要将"听党指挥"的总要求贯穿青年军人军魂教育的各个环节，在青年中间掀起为党战斗、为民立功的环境浪潮。青年军人所铸造的"魂"，既表现在通过学习实践养成的马克思主义信仰之魂，又体现于为党的"伟大工程"坚强奋战的党性之魂，还展现为突出最广大人民利益至上的人民之魂。军队环境的营造应围绕以上"三魂"的目标展开，积极培养和教育"三魂合一"的新时代革命青年军人。在平时的军队内部环境方面，要充分利用挂像英模、宣传展板、营房设施等有利条件，营造爱我军队、爱我国防的"硬件"环境；注重传承军队历史传统文化和各具特色的部队精神，要求青年军人遵守政治纪律和政治规矩，营造催人奋进、风清气正的"软件"环境。同时，应充分利用起需要复杂作战和迅速应对处置的战时环境，作为加强和检验青年军人战斗能力、政治素养和大局意识的真实练兵场。

3. 营造利于带动青年担当作为的社会环境

人们依据各自的分类标准和视角判断，在对思想政治教育社会环境范围的具体划分上，存在着一定的差异性，但大致可分为宏观层面的社会大环境和微观层面的社会小环境。小社会环境承接和容纳着学校环境、军队环境等微观环境，大社会环境包含着经济环境、政治环境、文化环境、社会环境、生态环境等宏观环境。青年思想政治教育过程中不但要优化小社会环境，营造出氛围浓厚的育人环境，促进青年思想品德和政治观念的提升，而且要教育青年积极主动适应社会大环境的变化发展，为他们创造施展才干的机会和空间。列宁极为看重学校和军队等微观环境与整个社会大环境的深度融合，使青年能够尽快走入社会，将所学才能发挥更多的社会作用。他还指出，要大力建立为广大劳动工农服务的基础文化设施，发展社会主义文化事业，从青年开始入手，着力营造全社会努力学习知识和技能的文化环境，以上这些做法仍然值得借鉴、运用与发展。

从青年主动担当作为的角度而言，要在社会环境中磨砺青年敢想敢干精神。社会生活总是机遇与挑战并存、危机和新机共生，充斥着各种各样的思想取向和行为方式，产生了具有不同时代印记的社会风气。因此，不仅要在全社会当中优化经济、政治等宏观环境，使社会大环境可以成为思想政治教育的有利因素，还要因势利导教育青年，敢于同不良的社会思潮和社会风气作斗争，弘扬党风正气，淬炼自身在社会中担当作为的勇气、智慧和毅力，"让青春在党和人民最需要的地方绽放绚丽之花"①。

从调节社会整体风气的角度来说，要在净化社会环境中浸润青年美好心灵。互联网信息技术的深刻变革，改变了人们交往和沟通交流的方式，催生了以新媒体为依托的多样业态的蓬勃发展，但也使各种违法虚假等信息得以轻易传播。中央权威媒体要带头全面进驻各类新兴媒体，加强对网络舆论环境的正面引导，为青年营造清

---

① 习近平.给北京大学援鄂医疗队全体"九〇后"党员的回信[M]// 中共中央党史和文献研究院.习近平关于统筹疫情防控和经济社会发展重要论述选编.北京: 中央文献出版社，2020: 123.

朗的网络空间。与此同时，要在现实社会环境中依托具有新时代特点的文化场所、重点工程，广泛建立各具风采的主题教育基地，激发青年热爱伟大的党、伟大祖国的强烈情感。

结 语

马克思主义经典作家思想理论的永久魅力在于常读常新、常学常新、常用常新。列宁青年教育理论以社会主义革命和建设为主题，从青年与个人成长、青年与国家发展两条主线出发，聚焦工人、农民、学生、军人等身份中的青年群体，论述了在帝国主义时代背景下，如何教育先进青年在无产阶级的正确领导下奋起抗争、进行革命、争取解放，在热情奉献社会主义国家的建设征程中找寻自我、全面发展、实现价值等一系列重要课题，擘画了青年在未来共产主义社会实现更好成长与发展的美好图景。开展好新时代青年思想政治教育，离不开列宁青年教育理论的正确指导，其中带有原则性和方向性的观点更是要鲜明强调和再次突出。如列宁指出，青年教育要坚持党的全面领导和社会主义性质，以及青年要全面发展的教育目的、青年要热爱劳动的教育内容、青年要参与社会实践和发扬斗争精神的教育方法等无产阶级观点，都在新时代中国共产党人治国理政的宏伟征途中得以再度印证并实现创新发展，彰显了列宁青年教育理论跨越时空界限的伟力。

马克思主义经典作家思想理论的真理魅力在于深刻揭示出马克思主义理论的内在整体性。马克思主义作为一个庞大而精深的科学思想理论体系，其内部各部分是相互贯通的有机统一整体。列宁青年教育理论的产生并不是无源之水、无本之木，而是坚持与发展马克思、恩格斯青年教育理论，同时结合当时世情、国情、党情和青年情况特点进行原创性发展的理论成果，成为马克思主义青年教育理论第一次从理论学说走向国家实践的里程碑。俄国十月革命的胜利，使得列宁青年教育理论开始传入中国，中国共产党紧密结合中国青年运动的发展方向，历经百余年革命、建设和改革的非凡历程，形成了中国化时代化的马克思主义青年教育理论成果，不断显现这一理论的无限生机与充沛活力。

　　本书有关列宁青年教育理论的研究，不过是众多马克思主义青年教育理论研究成果中的沧海一粟。未来对于此问题的研究，可以充分利用现有的，特别是新发现的有关列宁的文献资料，更加彻底详尽地挖掘其中蕴含的青年教育理论，并结合时代要求进一步拓展研究思路和视角。更为重要的是，还应以马克思主义经典作家青年理论的形成发展、内容结构和方法实践为线索，探究其内在的整体性意蕴。

参考文献

一、马克思主义经典著作类

［1］马克思恩格斯全集：第 2、5、29、31、34、35、36、37、38、39 卷［M］.北京：人民出版社，1957、1958、1972、1972、1972、1971、1975、1971、1972、1974.

［2］马克思恩格斯全集：第 1、21、26、28、29、43、49 卷［M］.2 版.北京：人民出版社，1995、2003、2014、2018、2020、2016、2016.

［3］马克思恩格斯文集：第 1—10 卷［M］.北京：人民出版社，2009.

［4］列宁文稿：第 1、6 卷［M］.北京：人民出版社，1977.

［5］列宁文稿：第 2—5 卷［M］.北京：人民出版社，1978.

［6］列宁文稿：第 7—8 卷［M］.北京：人民出版社，1980.

［7］列宁文稿：第 9—10 卷［M］.北京：人民出版社，1979.

［8］列宁文稿：第 11 卷［M］.北京：人民出版社，1986.

［9］列宁文稿：第 12 卷［M］.北京：人民出版社，1985.

［10］列宁文稿：第 13 卷［M］．北京：人民出版社，1987.

［11］列宁文稿：第 14 卷［M］．北京：人民出版社，1988.

［12］列宁文稿：第 15—17 卷［M］．北京：人民出版社，1990.

［13］列宁专题文集：论马克思主义［M］.北京：人民出版社，2009.

［14］列宁专题文集：论辩证唯物主义和历史唯物主义［M］．北京：人民出版社，2009.

［15］列宁专题文集：论资本主义［M］.北京：人民出版社，2009.

［16］列宁专题文集：论社会主义［M］.北京：人民出版社，2009.

［17］列宁专题文集：论无产阶级政党［M］.北京：人民出版社，2009.

［18］列宁选集：第 1—4 卷［M］.3 版（修订版）.北京：人民出版社，2012.

［19］列宁全集：第 1—7 卷［M］.2 版（增订版）.北京：人民出版社，2013.

［20］列宁全集：第 8—60 卷［M］.2 版（增订版）.北京：人民出版社，2017.

［21］列宁全集补遗：第 1 卷［M］.北京：人民出版社，2001.

［22］列宁全集补遗：第 2 卷［M］.北京：人民出版社，2014.

［23］斯大林全集：第 5、6、7、8、9、11、12、13 卷［M］.北京：人民出版社，1957、1956、1958、1954、1954、1955、1955、1956.

［24］斯大林选集：上卷、下卷［M］.北京：人民出版社，1979.

二、党和国家主要领导人著作类

［1］毛泽东选集：第1—4卷［M］.北京：人民出版社，1991.

［2］毛泽东文集：第1—2卷［M］.北京：人民出版社，1993.

［3］毛泽东文集：第3—5卷［M］.北京：人民出版社，1996.

［4］毛泽东文集：第6—8卷［M］.北京：人民出版社，1999.

［5］邓小平文选：第1—2卷［M］.北京：人民出版社，1994.

［6］邓小平文选：第3卷［M］.北京：人民出版社，1993.

［7］江泽民文选：第1—3卷［M］.北京：人民出版社，2006.

［8］胡锦涛文选：第1—3卷［M］.北京：人民出版社，2016.

［9］习近平谈治国理政：第1卷［M］.2版.北京：外文出版社，2018.

［10］习近平谈治国理政：第2卷［M］.北京：外文出版社，2017.

［11］习近平谈治国理政：第3卷［M］.北京：外文出版社，2020.

［12］习近平谈治国理政：第4卷［M］.北京：外文出版社，2022.

［13］习近平.论坚持党对一切工作的领导［M］.北京：中央文献出版社，2019.

［14］习近平.论党的宣传思想工作［M］.北京：中央文献出

版社，2020.

［15］习近平.论中国共产党历史［M］.北京：中央文献出版社，2021.

［16］习近平.论坚持人民当家作主［M］.北京：中央文献出版社，2021.

［17］习近平.论党的青年工作［M］.北京：中央文献出版社，2022.

［18］习近平书信选集：第1卷［M］.北京：中央文献出版社，2022.

［19］习近平著作选读：第1—2卷［M］.北京：人民出版社，2023.

［20］习近平.摆脱贫困［M］.福州：福建人民出版社，1992.

［21］中共中央宣传部.毛泽东邓小平江泽民论思想政治工作［M］.北京：学习出版社，2000.

［22］中华人民共和国教育部，中共中央文献研究室.毛泽东邓小平江泽民论教育［M］.北京：中央文献出版社，2002.

［23］共青团中央，中央文献研究室.毛泽东邓小平江泽民论青少年和青少年工作［M］.增订本.北京：中国青年出版社，2003.

［24］中共中央文献研究室.习近平关于社会主义政治建设论述摘编［M］.北京：中央文献出版社，2017.

［25］中共中央文献研究室.习近平关于社会主义文化建设论述摘编［M］.北京：中央文献出版社，2017.

［26］中共中央文献研究室.习近平关于青少年和共青团工作论述摘编［M］.北京：中央文献出版社，2017.

［27］习近平.在北京大学师生座谈会上的讲话［M］.北京：人民出版社，2018.

［28］中共中央党史和文献研究院，中央"不忘初心、牢记使命"主题教育领导小组办公室.习近平关于"不忘初心、牢记使命"论述摘编［M］.北京：党建读物出版社，2019.

［29］习近平.在"不忘初心、牢记使命"主题教育总结大会上的讲话［M］.北京：人民出版社，2020.

［30］中共中央党史和文献研究院.习近平关于统筹疫情防控和经济社会发展重要论述选编［M］.北京：中央文献出版社，2020.

［31］习近平.在党史学习教育动员大会上的讲话［M］.北京：人民出版社，2021.

［32］中共中央党史和文献研究院.习近平关于全面从严治党论述摘编［M］.2021年版.北京：中央文献出版社，2021.

［33］中共中央党史和文献研究院.习近平关于社会主义精神文明建设论述摘编［M］.北京：中央文献出版社，2022.

［34］中共中央党史和文献研究院，中央学习贯彻习近平新时代中国特色社会主义思想主题教育领导小组办公室.习近平新时代中国特色社会主义思想专题摘编［M］.北京：党建读物出版社，2023.

［35］中共中央党史和文献研究院，中央学习贯彻习近平新时代中国特色社会主义思想主题教育领导小组办公室.习近平新时代中国特色社会主义思想的世界观和方法论专题摘编［M］.北京：党建读物出版社，2023.

［36］中共中央党史和文献研究院．习近平关于妇女儿童和妇联工作论述摘编［M］．北京：中央文献出版社，2023.

三、党和国家重要文献类

［1］中共中央办公厅．关于培育和践行社会主义核心价值观的意见［M］．北京：人民出版社，2013.

［2］中共中央文献研究室．十八大以来重要文献选编：上［M］．北京：中央文献出版社，2014.

［3］中共中央关于加强和改进党的群团工作的意见［M］．北京：人民出版社，2015.

［4］中共中央文献研究室．十八大以来重要文献选编：中［M］．北京：中央文献出版社，2016.

［5］中共中央国务院．中长期青年发展规划：2016—2025年［M］．北京：人民出版社，2017.

［6］中共中央国务院关于全面深化新时代教师队伍建设改革的意见［M］．北京：人民出版社，2018.

［7］中共中央党史和文献研究院．十八大以来重要文献选编：下［M］．北京：中央文献出版社，2018.

［8］中共中央党史和文献研究院．十九大以来重要文献选编：上［M］．北京：中央文献出版社，2019.

［9］中共中央国务院．新时代公民道德建设实施纲要［M］．北京：人民出版社，2019.

［10］中共中央国务院．新时代爱国主义教育实施纲要［M］．

北京：人民出版社，2019.

　　[11] 中共中央办公厅，国务院办公厅.关于深化新时代学校思想政治理论课改革创新的若干意见[M].北京：人民出版社，2019.

　　[12] 中共中央国务院关于全面加强新时代大中小学劳动教育的意见[M].北京：人民出版社，2020.

　　[13] 中华人民共和国国民经济和社会发展第十四个五年规划和2035年远景目标纲要[M].北京：人民出版社，2021.

　　[14] 中共中央关于党的百年奋斗重大成就和历史经验的决议[M].北京：人民出版社，2021.

　　[15] 中共中央党史和文献研究院.十九大以来重要文献选编：中[M].北京：中央文献出版社，2021.

　　[16] 中华人民共和国国务院新闻办公室.新时代的中国青年[M].北京：人民出版社，2022.

四、中文著作类

　　[1] 克鲁普斯卡娅.论列宁[M].中共中央马克思恩格斯列宁斯大林著作编译局，译.北京：人民出版社，1960.

　　[2] 苏联共产党代表大会、代表会议和中央全会决议汇编：第1、2分册[M].中共中央马克思恩格斯列宁斯大林著作编译局，译.北京：人民出版社，1964.

　　[3] 联共（布）中央特设委员会.联共（布）党史简明教程[M].中共中央马克思恩格思列宁斯大林著作编译局，译.北京：人民出

版社，1975.

　　［4］中国共产主义青年团中央团校．马克思恩格斯列宁斯大林论青年［M］．北京：中国青年出版社，1980.

　　［5］苏联"无产阶级文化派"论争资料［M］．郑异凡，编译．北京：人民出版社，1980.

　　［6］回忆列宁：第1—2卷［M］．上海外国语学院列宁著作翻译研究室，译．北京：人民出版社，1982.

　　［7］回忆列宁：第3卷［M］．南京大学外语系俄罗斯语言文学教研室《回忆列宁》翻译组，译．北京：人民出版社，1982.

　　［8］回忆列宁：第4卷［M］．上海外国语学院俄语系教师，译．北京：人民出版社，1982.

　　［9］回忆列宁：第5卷［M］．侯焕闳，译．北京：人民出版社，1982.

　　［10］白嗣宏．无产阶级文化派资料选编［M］．外国文学研究资料丛刊编辑委员会．北京：中国社会科学出版社，1983.

　　［11］苏联高等和中等专业教育部社会科学教学主管局．苏联高等院校政治理论课教学大纲［M］．吴虹滨，赵大伦，译．北京：求实出版社，1987.

　　［12］叶卫平．西方"列宁学"研究［M］．北京：中国人民大学出版社，1991.

　　［13］安启念．东方国家的社会跳跃与文化滞后：俄罗斯文化与列宁主义问题［M］．北京：中国人民大学出版社，1994.

　　［14］季正矩．列宁传［M］．北京：中共中央党校出版社，1998.

［15］刘书林，陈立思.青年思想政治教育学原理［M］.北京：中国青年出版社，1999.

［16］苏联教育科学院.列宁论教育：上、下［M］.华东师范大学《列宁论教育》辑译小组，辑译.北京：人民教育出版社，2001.

［17］普京文集：文章和讲话选集［M］.《普京文集：文章和讲话选集》编委会，编译.北京：中国社会科学出版社，2002.

［18］曹维安.俄国史新论：影响俄国历史发展的基本问题.北京：中国社会科学出版社，2002.

［19］孙来斌.列宁的马克思主义理论教育思想研究［M］.北京：中国社会科学出版社，2003.

［20］俞良早.创论"东方列宁学"［M］.南京：南京师范大学出版社，2004.

［21］黄蓉生，邓卓明.青年思想政治教育专论［M］.北京：中央文献出版社，2005.

［22］柳海民.教育原理［M］.3版.长春：东北师范大学出版社，2006.

［23］克鲁普斯卡雅教育文选：上卷、下卷［M］.卫道治，译.北京：人民教育出版社，2006.

［24］普京文集（2002—2008）［M］.张树华，李俊升，许华，等译.北京：中国社会科学出版社，2008.

［25］黄蓉生.青年学研究［M］.2版.成都：四川人民出版社，2009.

［26］陆南泉，黄宗良，郑异凡，等.苏联真相：对101个重

要问题的思考：上、中、下［M］.北京：新华出版社，2010.

　　［27］田海舰，邹卫.社会主义核心价值观论纲［M］.北京：人民出版社，2010.

　　［28］曹芸.列宁的马克思主义理论教育思想及其现实启示［M］.南京：河海大学出版社，2013.

　　［29］普京文集（2012—2014）［M］.《普京文集（2012—2014）》编委会，编译.北京：世界知识出版社，2014.

　　［30］王东.系统改革论：列宁遗嘱，苏联模式，中国道路［M］.长春：吉林人民出版社，2014.

　　［31］张建华.俄国史［M］.2版（修订本）.北京：人民出版社，2014.

　　［32］张华.列宁职业教育思想研究［M］.长沙：湖南科学技术出版社，2015.

　　［33］柳丽.列宁思想政治教育理论与实践研究［M］.北京：人民出版社，2015.

　　［34］陈万柏，张耀灿.思想政治教育学原理［M］.3版.北京：高等教育出版社，2015.

　　［35］文学国.马克思恩格斯列宁斯大林论教育［M］.北京：中国社会科学出版社，2016.

　　［36］段妍.比较视域下当代大学生核心价值观培育研究［M］.北京：人民出版社，2016.

　　［37］徐光春.马克思主义大辞典［M］.武汉：崇文书局，2017.

　　［38］孙来斌.列宁的灌输理论及其当代价值［M］.北京：社

会科学文献出版社，2017.

　　［39］克鲁普斯卡雅论教育：上卷、中卷、下卷［M］.卫道治，译.北京：人民教育出版社，2017.

　　［40］吴恩远.俄罗斯最新历史著述暨评析：2007—2017年［M］.北京：中国社会科学出版社，2018.

　　［41］《思想政治教育学原理》编写组.思想政治教育学原理［M］.2版.北京：高等教育出版社，2018.

　　［42］教育部课题组.深入学习习近平关于教育的重要论述［M］.北京：人民出版社，2019.

　　［43］《习近平总书记教育重要论述讲义》编写组.习近平总书记教育重要论述讲义［M］.北京：高等教育出版社，2020.

　　［44］克鲁普斯卡娅.回忆列宁［M］.哲夫，译.北京：人民出版社，2020.

　　［45］中共中央马克思恩格斯列宁斯大林著作编译局.《列宁全集》第二版增订版资料汇编：目录卷、前言卷、注释卷、人名卷、年表卷上册、年表卷下册［M］.北京：人民出版社，2020.

　　［46］王东，刘军.马克思列宁主义源头活水论：时代观、国家观、社会主义观［M］.沈阳：辽宁人民出版社，2020.

　　［47］中共中央党史和文献研究院.列宁画传［M］.列宁诞辰150周年纪念版.重庆：重庆出版社，2020.

　　［48］中共中央宣传部.习近平新时代中国特色社会主义思想学习问答［M］.北京：学习出版社，2021.

　　［49］《社会主义发展简史》编写组.社会主义发展简史［M］.北京：学习出版社，2021.

［50］顾昭明，张剑．坚持把立德树人作为根本任务［M］．北京：中国人民大学出版社，2021．

［51］俄罗斯联邦共产党中央委员会．列宁生平画传：事件与回忆［M］．中共中央编译局马列著作编译部，译．北京：中央编译出版社，2021．

［52］李忠杰．列宁主义论纲［M］．南宁：广西人民出版社，2021．

［53］柳丽．列宁宣传思想工作文献研究［M］．北京：人民出版社，2021．

［54］柳丽．列宁社会主义意识形态理论研究［M］．北京：中国社会科学出版社，2022．

［55］克鲁普斯卡娅．学习列宁的工作方法［M］．李晓萌，译．北京：中央编译出版社，2022．

［56］中共中央宣传部．中国共产党宣传工作简史：上卷、下卷［M］．北京：人民出版社，2022．

［57］中共中央党史和文献研究院．中国共产党的一百年：全4册［M］．北京：中共党史出版社，2022．

［58］沈壮海．新编思想政治教育学原理．北京：中国人民大学出版社，2022．

［59］苏共中央马克思列宁主义研究院．列宁年谱：第1、4卷［M］．中共中央党史和文献研究院，编译．北京：人民出版社，2022．

［60］苏共中央马克思列宁主义研究院．列宁年谱：第2卷［M］．中共中央党史和文献研究院，编译．北京：人民出版社，2023．

［61］中共中央宣传部.习近平新时代中国特色社会主义思想学习纲要［M］.2023年版.北京：学习出版社，2023.

［62］张智，等.马克思恩格斯列宁思想政治教育思想考论［M］.北京：中国人民大学出版社，2023.

［63］刘建军，张智.马克思主义经典作家论思想政治教育［M］.北京：人民出版社，2023.

五、学位论文类

［1］白云华.列宁关于青年成长发展思想研究［D］.重庆：西南大学，2014.

［2］张佳慧.列宁共产主义道德教育理论及其当代价值［D］.哈尔滨：东北农业大学，2014.

［3］路兰香.列宁教育思想及当代价值研究［D］.重庆：西南大学，2015.

［4］全晨.列宁青年思想研究［D］.吉首：吉首大学，2016.

［5］徐斌.列宁思想政治教育理论体系研究［D］.苏州：苏州大学，2017.

［6］张晓云.列宁青年观研究［D］.南京：南京师范大学，2020.

［7］张慧敏.列宁青年思想政治教育理论及当代价值研究［D］.大连：大连海事大学，2021.

［8］高俊丽.列宁共产主义道德教育思想研究［D］.沈阳：辽宁大学，2021.

六、中文期刊文献类

［1］舒新，林建华．列宁的国民教育思想述论［J］．当代世界与社会主义，2003（2）：111-115.

［2］陈哲．列宁的马克思主义理论教育思想及其现实意义［J］．高校理论战线，2007（5）：34-38.

［3］周耀宏．列宁灌输理论在当前思想政治教育中的运用与创新［J］．延边大学学报（社会科学版），2008（1）：16-20.

［4］吴远，曹芸．列宁的马克思主义理论教育思想及其现实意义［J］．江海学刊，2010（3）：216-222+239.

［5］姚芳，孙来斌．列宁的农民思想政治教育思想及其现实意义［J］．学校党建与思想教育，2010（7）：17-20.

［6］李建国．列宁保护和教育劳动者的思想对当代中国的启示［J］．马克思主义研究，2010（10）：48-55.

［7］朱玉超．论列宁青年观的四个基本维度［J］．理论月刊，2011（3）：28-30.

［8］程水栋．列宁的社会主义教育思想探微［J］．天府新论，2011（3）：154-156.

［9］苏玲．列宁共产主义道德教育的理论及当代价值［J］．湖南科技大学学报（社会科学版），2011，14（3）：40-43.

［10］陈潭，彭东琳．列宁共产党员理想信念教育思想探微［J］．社会科学家，2011（11）：15-18.

［11］刘树宏．试论列宁的青年共产主义理想信念教育思想——

读《共青团的任务》有感 [J] . 思想教育研究，2011（12）：15-18.

[12] 谢成宇，孙来斌 . 列宁马克思主义理论教育思想的革命品性 [J] . 社会主义研究，2012（4）：14-17.

[13] 王俊文 . 论列宁的"教育——文化"发展观及其当代启示 [J] . 学术论坛，2012，35（4）：24-29.

[14] 朱志萍 . 论《青年团的任务》中列宁的青年教育思想 [J] . 思想教育研究，2013（3）：30-33.

[15] 双传学，朱晓林 . 列宁关于党员的共产主义信仰教育思想 [J] . 南京政治学院学报，2014，30（1）：7-10.

[16] 俞敏 . 苏俄非常时期列宁的社会政治教育思想及其当代价值 [J] . 当代世界与社会主义，2016（2）：49-54.

[17] 仇文利，吴远 . 《青年团的任务》人学意蕴及其对价值观培育的启示 [J] . 河海大学学报（哲学社会科学版），2016，18（4）：11-16+89.

[18] 杨绍琼 . 列宁的青年德育观及其对当前高校立德树人的启示 [J] . 思想理论教育导刊，2016（5）：42-46.

[19] 张传平 . 当代西方"列宁学"研究的三大理论走向及其批判 [J] . 南京社会科学，2016（11）：39-46.

[20] 李晓燕 . 列宁"灌输论"视角下马克思主义意识形态话语权建设探析 [J] . 马克思主义研究，2017（8）：79-88.

[21] 张智 . 列宁《怎么办？》的思想政治教育意蕴 [J] . 马克思主义理论学科研究，2018，4（1）：134-147.

[22] 龙献忠，唐征勋 . 列宁的青年德育思想"五论"及其当代昭示 [J] . 湖南大学学报（社会科学版），2018，32（4）：18-22.

［23］宋劲松.列宁的思想政治教育党性原则及其现实启示——重读《怎么办?》一书［J］.湘潭大学学报（哲学社会科学版），2018，42（6）：93-94+121.

［24］陈伟，刘德中.列宁共产主义信念教育思想的三维透视［J］.思想政治教育研究，2019，35（2）：51-55.

［25］侯波，张喜德.列宁灌输理论新探［J］.科学社会主义，2019（2）：120-126.

［26］李正赤，何洪兵，毛嘉琪.列宁青年教育思想及其新时代启示［J］.社会科学研究，2019（3）：110-114.

［27］贺敬垒.列宁的青年教育思想及其当代价值［J］.思想教育研究，2019（7）：51-56.

［28］寇清杰，李征征.列宁党性思想的着力点及党性教育实现路径［J］.广西社会科学，2019，294（12）：184-189.

［29］孙来斌.列宁灌输理论的当代价值澄明［J］.思想理论教育，2020（3）：27-33.

［30］王万奇，赵付科.《青年团的任务》对时代新人培育的当代价值——写在列宁诞辰150周年之际［J］.中国青年社会科学，2020，39（3）：22-28.

［31］卢刚.略论列宁对共青团建设的思想贡献与实践指引［J］.中国青年社会科学，2020，39（4）：66-73.

［32］石路，明芳.列宁青年劳动教育思想及其新时代启示——纪念列宁诞辰150周年暨《青年团的任务》发表100周年［J］.中国青年社会科学，2020，39（4）：74-80.

［33］袁银传，范海燕.列宁灌输论的三重逻辑［J］.理论视野，

2020（4）：34-40.

[34]李前进，俞良早.新经济政策时期列宁政治教育思想及其现实启示——基于《新经济政策和政治教育委员会的任务》著作的解读[J].思想理论教育导刊，2020（5）：42-48.

[35]高永.思想政治教育的阶级性及其对本质问题的释疑——列宁提出"灌输论"的逻辑主线[J].思想理论教育导刊，2020（8）：113-117.

[36]曲建武，张慧敏.列宁政治教育思想对大学生思想政治教育的启示[J].国家教育行政学院学报，2020（11）：58-64.

[37]贺敬垒.列宁的社会主义新人培育方略论析[J].思想教育研究，2021（1）：54-59.

[38]孙洲.理论与实践：十月革命后列宁的思想政治教育体系探赜[J].理论月刊，2021（2）：27-36.

[39]贺敬垒.列宁对马克思主义政党青年工作观的探索及其当代价值[J].中共福建省委党校（福建行政学院）学报，2021（4）：30-37.

[40]申雪寒.列宁论政治教育[J].社会主义核心价值观研究，2021，7（6）：83-92.

[41]李东坡.列宁《青年团的任务》中的思想政治教育意蕴[J].马克思主义理论学科研究，2021，7（10）：96-103.

[42]赵冶.从"简单说明"到系统"灌输"：列宁"灌输论"形成分析[J].马克思主义理论学科研究，2022，8（1）：114-120.

[43]贺敬垒.列宁的共产主义理想信念培育方略论析[J].社

会主义核心价值观研究，2022，8（5）：59-70.

[44]韦洪发，刘阳阳.列宁《怎么办？》中灌输论的三重逻辑[J].理论月刊，2022（5）：12-18.

[45]高旭.论《青年团的任务》中共产主义道德思想的深刻意蕴及其现实启示[J].学校党建与思想教育，2022（18）：36-38.

[46]贺敬垒.列宁的共产主义道德建设思想及其当代启迪[J].兰州学刊，2023（5）：15-30.

[47]胡海洋.列宁青年观的主要内容及当代启示[J].思想教育研究，2023（5）：63-68.

七、中文报纸文献类

[1]中共中央印发《中国共产党宣传工作条例》[N].光明日报，2019-09-01（1）.

[2]习近平.在学思践悟中坚定理想信念　在奋发有为中践行初心使命[N].人民日报，2020-07-01（1）.

[3]习近平.立志做党光荣传统和优良作风的忠实传人　在新时代新征程中奋勇争先建功立业[N].人民日报，2021-03-02（1）.

[4]中共中央国务院印发《关于新时代加强和改进思想政治工作的意见》[N].人民日报，2021-07-13（1）.

[5]中办国办印发《"十四五"文化发展规划》[N].人民日报，2022-08-17（1）.

[6]中华人民共和国和俄罗斯联邦关于深化新时代全面战略协作伙伴关系的联合声明[N].人民日报，2023-03-22（2）.

［7］习近平.加快建设教育强国 为中华民族伟大复兴提供有力支撑［N］.人民日报，2023-05-30（1）.

［8］习近平.担负起新的文化使命 努力建设中华民族现代文明［N］.人民日报，2023-06-03（1）.

［9］习近平.切实肩负起新时代新征程党赋予的使命任务 充分激发广大青年在中国式现代化建设中挺膺担当［N］.人民日报，2023-06-27（1）.

［10］习近平.不断深化对党的理论创新的规律性认识 在新时代新征程上取得更为丰硕的理论创新成果［N］.人民日报，2023-07-02（1）.

八、外文文献类

［1］V. Protsenko. Lenin's Decrees on Public Education ［J］. Soviet Education, 1961, 3（3）.

［2］F. F. Korolev. Lenin and public education ［J］. Prospects, 1970, 1（2）.

［3］A. F. Lapko,L. A. Lyusternik. Lenin, science and education［J］. Russian Mathematical Surveys, 1970, 25（2）.

［4］A. E. Izmailov. V. I. Lenin's Concern for the Development of Culture and Education in the Republics of the Soviet East［J］. Soviet Education, 1981, 23（4）.

［5］E. I. Monoszon. V. I. Lenin and Methods of Communist Education［J］. Soviet Education, 1981, 23（4）.

［6］N. I. Dumchenko. Realization of Lenin's Ideas on Vocational and Technical Education［J］. Soviet Education, 1981, 23（4）.

［7］N. Ia. Sokolov. V. I. Lenin and the Teaching of State Law to Youth［J］. Soviet Education, 1981, 23（4）.

［8］О Стратегии национальной безопасности Российской Федерации［EB/OL］.（2021−07−02）［2023−03−26］.https://dlib.eastview.com/browse/doc/68877209.

［9］Об утверждении Основ государственной политики по сохранению и укреплению традиционных российских духовно−нравственных ценностей［EB/OL］.（2022−11−09）［2023−03−26］.https://dlib.eastview.com/browse/doc/81270584.

附录　列宁关于青年及其教育问题论述的主要篇目索引

1.《农庄中学与感化中学（〈俄国财富〉杂志）》（1895 年 11 月 25 日〔12 月 7 日〕以前），《列宁全集》第 2 卷，人民出版社 2013 年版，第 18—24 页。

2.《我们的大臣们在想些什么？》（1895 年 11—12 月），《列宁全集》第 2 卷，人民出版社 2013 年版，第 65—68 页。

3.《民粹主义空想计划的典型　谢·尼·尤沙柯夫〈教育问题〉》（1897 年底），《列宁全集》第 2 卷，人民出版社 2013 年版，第 452—481 页。

4.《为〈工人报〉写的文章　迫切的问题》（不早于 1899 年 10 月），《列宁全集》第 4 卷，人民出版社 2013 年版，第 171—172 页。

5.《〈火星报〉和〈曙光〉杂志编辑部声明草案》（1900 年 3 月底—4 月初），《列宁全集》第 4 卷，人民出版社 2013 年版，第 285—287 页。

6.《183 个大学生被送去当兵》（1901 年 1 月），《列宁全集》第 4 卷，人民出版社 2013 年版，第 346—351 页。

7.《游行示威开始了》（1901 年 12 月），《列宁全集》第 5 卷，人民出版社 2013 年版，第 333—336 页。

8.《怎么办？我们运动中的迫切问题》（1901年秋—1902年2月），《列宁全集》第6卷，人民出版社2013年版，第1—183页。

9.《破产的征兆》（1902年2月15日〔28日〕），《列宁全集》第6卷，人民出版社2013年版，第255—260页。

10.《〈俄国社会民主党人的任务〉第二版序言》（1902年8月），《列宁全集》第6卷，人民出版社2013年版，第391页。

11.《〈俄国社会民主党人的任务〉第二版序言要点》（1902年8月），《列宁全集》第6卷，人民出版社2013年版，第424—426页。

12.《就我们的组织任务给一位同志的信》（1902年9月），《列宁全集》第7卷，人民出版社2013年版，第9—10页。

13.《致中学生》（1902年12月1日〔14日〕），《列宁全集》第7卷，人民出版社2013年版，第49页。

14.《为俄国社会民主工党第二次代表大会准备的决议草案　关于对青年学生的态度的决议草案》（1903年6—7月），《列宁全集》第7卷，人民出版社2013年版，第235页。

15.《俄国社会民主工党第二次代表大会文献　关于对青年学生的态度问题的发言》（1903年8月10日〔23日〕），《列宁全集》第7卷，人民出版社2013年版，第295页。

16.《革命青年的任务　第一封信》（1903年9月），《列宁全集》第7卷，人民出版社2013年版，第322—335页。

17.《关于革命青年的任务的信的提纲》（1903年8—9月），《列宁全集》第7卷，人民出版社2013年版，第420—421页。

18.《俄国社会民主工党中央委员会给国外同盟领导机关、国外党的协助小组和全体党员的信》(不早于1903年11月16日〔29日〕)，

《列宁全集》第 8 卷，人民出版社 2017 年版，第 85 页。

19.《给同志们的信（关于党内多数派机关报的出版）》（1904 年 11 月 29 日〔12 月 12 日〕），《列宁全集》第 9 卷，人民出版社 2017 年版，第 86—88 页。

20.《致亚·亚·波格丹诺夫和谢·伊·古谢夫》（1905 年 1 月 29 日〔2 月 11 日〕），《列宁全集》第 9 卷，人民出版社 2017 年版，第 225—230 页。

21.《新的任务和新的力量》（1905 年 2 月 23 日〔3 月 8 日〕），《列宁全集》第 9 卷，人民出版社 2017 年版，第 277—288 页。

22.《〈新的任务和新的力量〉一文材料》（1905 年 2 月），《列宁全集》第 9 卷，人民出版社 2017 年版，第 386—396 页。

23.《俄国社会民主工党第三次代表大会的工作和决议的总提纲 代表大会各项决议的总提纲》（1905 年 2 月），《列宁全集》第 9 卷，人民出版社 2017 年版，第 299 页。

24.《致圣彼得堡委员会战斗委员会》（1905 年 10 月 3 日〔16 日〕），《列宁全集》第 11 卷，人民出版社 2017 年版，第 338—340 页。

25.《莫斯科事变的教训》（1905 年 10 月 11 日〔24 日〕），《列宁全集》第 11 卷，人民出版社 2017 年版，第 380—388 页。

26.《〈莫斯科事变的教训〉一文提纲》（1905 年 10 月 4 日和 11 日〔17 日和 24 日〕之间），《列宁全集》第 11 卷，人民出版社 2017 年版，第 428—430 页。

27.《国外青年和俄国革命》（1905 年 10 月 11 日〔24 日〕），《列宁全集》第 11 卷，人民出版社 2017 年版，第 391 页。

28.《革命的里加的最后通牒》(1905年10月18日〔31日〕)，《列宁全集》第12卷，人民出版社2017年版，第19—20页。

29.《俄国局势的尖锐化》(1905年10月18日〔31日〕)，《列宁全集》第12卷，人民出版社2017年版，第23—24页。

30.《孟什维主义的危机》(1906年12月7日〔20日〕)，《列宁全集》第14卷，人民出版社2017年版，第160—161页。

31.《卡·考茨基的小册子〈俄国革命的动力和前途〉的俄译本序言》(1906年12月)，《列宁全集》第14卷，人民出版社2017年版，第225页。

32.《第二届杜马和第二次革命浪潮》(1907年2月7日〔20日〕)，《列宁全集》第14卷，人民出版社2017年版，第387—388页。

33.《反军国主义的宣传和社会主义工人青年团体》(1907年10月8日〔21日〕)，《列宁全集》第16卷，人民出版社2017年版，第106—109页。

34.《学生运动和目前政治形势》(1908年10月3日〔16日〕)，《列宁全集》第17卷，人民出版社2017年版，第192—198页。

35.《论拥护召回主义和造神说的派别》(1909年9月11日〔24日〕)，《列宁全集》第19卷，人民出版社2017年版，第79页。

36.《致〈斗争报〉纪念号》(1910年7月)，《列宁全集》第19卷，人民出版社2017年版，第304页。

37.《伊万·瓦西里耶维奇·巴布什金（悼文）》(1910年12月18日〔31日〕)，《列宁全集》第20卷，人民出版社2017年版，第82—83页。

38.《纪念公社》(1911年4月15日〔28日〕)，《列宁全集》

第 20 卷，人民出版社 2017 年版，第 218—224 页。

39.《关于民主派大学生中的党派问题》（1912 年 11 月 23 日和 29 日〔12 月 6 日和 12 日〕之间），《列宁全集》第 22 卷，人民出版社 2017 年版，第 227—229 页。

40.《工人阶级及其"议会"代表团》（1912 年 12 月 12 日〔25 日〕），《列宁全集》第 22 卷，人民出版社 2017 年版，第 252—253 页。

41.《论国民教育部的政策问题（对国民教育问题的补充）》（1913 年 4 月 27 日〔5 月 10 日〕），《列宁全集》第 23 卷，人民出版社 2017 年版，第 108—118 页。

42.《农民经济中的童工》（1913 年 6 月 8 日〔21 日〕），《列宁全集》第 23 卷，人民出版社 2017 年版，第 296—299 页。

43.《国际反对卖淫第五次代表大会》（1913 年 7 月 13 日〔26 日〕），《列宁全集》第 23 卷，人民出版社 2017 年版，第 347—348 页。

44.《犹太学校的民族化》（1913 年 8 月 18 日〔31 日〕），《列宁全集》第 23 卷，人民出版社 2017 年版，第 395—396 页。

45.《俄国学校中学生的民族成分》（1913 年 12 月 14 日〔27 日〕），《列宁全集》第 24 卷，人民出版社 2017 年版，第 233—236 页。

46.《卡尔·马克思（传略和马克思主义概述）　社会主义》（1914 年 11 月），《列宁全集》第 26 卷，人民出版社 2017 年版，第 74—75 页。

47.《无产阶级革命的军事纲领》（1916 年 8 月 9 日〔22 日〕以前），《列宁全集》第 28 卷，人民出版社 2017 年版，第 90—93 页。

48.《论"废除武装"的口号》（1916 年 9 月），《列宁全集》第 28 卷，人民出版社 2017 年版，第 175—176 页。

49.《瑞士社会民主党内齐美尔瓦尔德左派的任务　党的宣传、鼓动和组织工作的当前任务》（1916 年 10 月底—11 月初），《列宁全集》第 28 卷，人民出版社 2017 年版，第 210—211 页。

50.《〈瑞士社会民主党内齐美尔瓦尔德左派的任务〉提纲的要点》（1916 年 10 月 23 日〔11 月 5 日〕以前），《列宁全集》第 28 卷，人民出版社 2017 年版，第 385—388 页。

51.《瑞士社会民主党对战争态度的提纲》（1916 年 12 月初），《列宁全集》第 28 卷，人民出版社 2017 年版，第 217 页。

52.《〈瑞士社会民主党对战争态度的提纲〉的"实践部分"草稿》（1916 年 11 月底—12 月初），《列宁全集》第 28 卷，人民出版社 2017 年版，第 389—390 页。

53.《青年国际（短评）》（1916 年 12 月），《列宁全集》第 28 卷，人民出版社 2017 年版，第 287—291 页。

54.《关于 1905 年革命的报告》（1917 年 1 月 9 日〔22 日〕），《列宁全集》第 28 卷，人民出版社 2017 年版，第 313—333 页。

55.《〈关于 1905 年革命的报告〉的提纲》（1917 年 1 月 9 日〔22 日〕以前），《列宁全集》第 28 卷，人民出版社 2017 年版，第 395—399 页。

56.《远方来信　第三封信　论无产阶级的民兵》（1917 年 3 月 11 日〔24 日〕），《列宁全集》第 29 卷，人民出版社 2017 年版，第 41—43 页。

57.《修改党纲的材料　关于修改党纲的草案》（1917 年 4—5

月），《列宁全集》第 29 卷，人民出版社 2017 年版，第 487—489 页。

58.《局外人的意见》（1917 年 10 月 8 日〔21 日〕），《列宁全集》第 32 卷，人民出版社 2017 年版，第 373—375 页。

59.《在莫斯科党委会议上关于组织同情者小组的两次讲话　记录》（1918 年 8 月 16 日），《列宁全集》第 35 卷，人民出版社 2017 年版，第 45 页。

60.《在全俄教育工作第一次代表大会上的讲话》（1918 年 8 月 28 日），《列宁全集》第 35 卷，人民出版社 2017 年版，第 75—78 页。

61.《〈在全俄教育工作第一次代表大会上的讲话〉的提纲》（1918 年 8 月 27 日或 28 日），《列宁全集》第 35 卷，人民出版社 2017 年版，第 523—524 页。

62.《在全俄工人、农民、哥萨克和红军代表苏维埃第六次（非常）代表大会上的两次讲话　庆祝十月革命一周年》（1918 年 11 月 6 日），《列宁全集》第 35 卷，人民出版社 2017 年版，第 144—145 页。

63.《在全俄中央执行委员会、莫斯科苏维埃和全俄工会代表大会联席会议上的讲话》（1919 年 1 月 17 日），《列宁全集》第 35 卷，人民出版社 2017 年版，第 416—418 页。

64.《在全俄国际主义者教师第二次代表大会上的讲话》（1919 年 1 月 18 日），《列宁全集》第 35 卷，人民出版社 2017 年版，第 421—424 页。

65.《苏维埃政权的成就和困难》（1919 年 3—4 月），《列宁全集》第 36 卷，人民出版社 2017 年版，第 60 页。

66.《俄共（布）纲领草案　党纲中国民教育方面的条文》

（1919年2月），《列宁全集》第36卷，人民出版社2017年版，第106—107页。

67.《俄共（布）纲领草案的材料　党纲中国民教育方面条文的补充草案》（1919年3月20日），《列宁全集》第36卷，人民出版社2017年版，第398页。

68.《俄国共产党（布尔什维克）纲领　1919年3月18—23日党的第八次代表大会通过》（1919年3月18—23日），《列宁全集》第36卷，人民出版社2017年版，第400—424页。

69.《俄共（布）中央关于东线局势的提纲》（1919年4月11日），《列宁全集》第36卷，人民出版社2017年版，第265页。

70.《在全俄共产主义学生第一次代表大会上的讲话》（1919年4月17日），《列宁全集》第36卷，人民出版社2017年版，第308页。

71.《在红场上的三次讲话　采访记录》（1919年5月1日），《列宁全集》第36卷，人民出版社2017年版，第315页。

72.《大家都去同邓尼金作斗争！（俄共（布尔什维克）中央给各级党组织的信）　缩减非军事工作》（1919年7月4日和7日之间），《列宁全集》第37卷，人民出版社2017年版，第47页。

73.《十月革命两周年　在全俄中央执行委员会、莫斯科工人和红军代表苏维埃、全俄工会中央理事会和各工厂委员会联合庆祝大会上的讲话》（1919年11月7日），《列宁全集》第37卷，人民出版社2017年版，第294页。

74.《与燃料危机作斗争　给各级党组织的通告信》（1919年11月8日和13日之间），《列宁全集》第37卷，人民出版社2017年版，第305页。

75.《全俄苏维埃第七次代表大会文献 关于全俄中央执行委员会和人民委员会的报告的总结发言》（1919年12月6日），《列宁全集》第37卷，人民出版社2017年版，第406页。

76.《致我们的接班人》（1919年12月18日以前），《列宁全集》第38卷，人民出版社2017年版，第29页。

77.《就党代表大会的筹备工作给俄共各级组织的信》（1920年2月17日和26日之间），《列宁全集》第38卷，人民出版社2017年版，第161页。

78.《关于对未成年者的审判 对法令草案的意见和修改》（1920年3月4日），《列宁全集》第38卷，人民出版社2017年版，第212页。

79.《在莫斯科工人和红军代表苏维埃会议上的讲话》（1920年3月6日），《列宁全集》第38卷，人民出版社2017年版，第218—219页。

80.《在全俄纺织工人第三次代表大会上的讲话》（1920年4月19日），《列宁全集》第38卷，人民出版社2017年版，第357—359页。

81.《在全俄中央执行委员会、莫斯科苏维埃、工会和工厂委员会联席会议上的讲话》（1920年5月5日），《列宁全集》第39卷，人民出版社2017年版，第109页。

82.《同日本记者、〈大阪朝日新闻〉代表中平良的谈话》（1920年6月3日），《列宁全集》第39卷，人民出版社2017年版，第122页。

83.《青年团的任务（在俄国共产主义青年团第三次代表大会上

的讲话）》（1920 年 10 月 2 日），《列宁全集》第 39 卷，人民出版社 2017 年版，第 328—347 页。

84.《答俄国共产主义青年团第三次代表大会代表问》（1920年 10 月 2 日），《列宁全集》第 39 卷，人民出版社 2017 年版，第348—354 页。

85.《关于无产阶级文化》（1920 年 10 月），《列宁全集》第39 卷，人民出版社 2017 年版，第 373—376 页。

86.《关于综合技术教育　对娜捷施达·康斯坦丁诺夫娜的提纲的意见》（1920 年底），《列宁全集》第 40 卷，人民出版社 2017 年版，第 228—230 页。

87.《再论工会、目前局势及托洛茨基同志和布哈林同志的错误辩证法和折中主义。"学校"和"机关"》（1921 年 1 月 25 日），《列宁全集》第 40 卷，人民出版社 2017 年版，第 295 页。

88.《中央委员会给教育人民委员部党员工作人员的指示》（1921年 2 月 5 日），《列宁全集》第 40 卷，人民出版社 2017 年版，第328—329 页。

89.《〈中央委员会给教育人民委员部党员工作人员的指示〉的提纲》（1921 年 2 月 2 日和 5 日之间），《列宁全集》第 40 卷，人民出版社 2017 年版，第 459—461 页。

90.《论教育人民委员部的工作》（1921 年 2 月 7 日），《列宁全集》第 40 卷，人民出版社 2017 年版，第 330—340 页。

91.《〈论教育人民委员部的工作〉一文材料》（不晚于 1921年 2 月 7 日），《列宁全集》第 40 卷，人民出版社 2017 年版，第462—465 页。

92.《教育人民委员部条例》（1921年2月11日），《列宁全集》第40卷，人民出版社2017年版，第466—468页。

93.《论粮食税（新政策的意义及其条件）　论粮食税、贸易自由、租让制》（1921年4月21日），《列宁全集》第41卷，人民出版社2017年版，第223页。

94.《劳动国防委员会给各地方苏维埃机关的指令　草案　第二类问题　组织部队参加劳动》（1921年5月19—21日），《列宁全集》第41卷，人民出版社2017年版，第280页。

95.《新经济政策和政治教育委员会的任务　在全俄政治教育委员会第二次代表大会上的报告　苏维埃政权和俄国共产党的急剧转变》（1921年10月17日），《列宁全集》第42卷，人民出版社2017年版，第191—192页。

96.《对俄共（布）第十一次代表会议关于清党的决议草案的意见》（1921年12月22日），《列宁全集》第42卷，人民出版社2017年版，第327—328页。

97.《全俄苏维埃第九次代表大会文献　代表大会通过的关于经济工作问题的指令》（1921年12月28日），《列宁全集》第42卷，人民出版社2017年版，第373页。

98.《伊·伊·斯捷潘诺夫〈俄罗斯联邦电气化与世界经济的过渡阶段〉一书序言》（1922年3月18日），《列宁全集》第43卷，人民出版社2017年版，第50—51页。

99.《致俄国共产主义青年团第五次代表大会》（1922年10月11日），《列宁全集》第43卷，人民出版社2017年版，第223页。

100.《共产国际第四次代表大会文献　俄国革命的五年和世界

革命的前途 在共产国际第四次代表大会上的报告》（1922 年 11 月 13 日），《列宁全集》第 43 卷，人民出版社 2017 年版，第 289 页。

101.《致教育工作者代表大会》（1922 年 11 月 26 日），《列宁全集》第 43 卷，人民出版社 2017 年版，第 311 页。

102.《致在莫斯科召开的青年共产国际第三次世界代表大会》（1922 年 12 月 4 日），《列宁全集》第 43 卷，人民出版社 2017 年版，第 314 页。

103.《日记摘录》（1923 年 1 月 2 日），《列宁全集》第 43 卷，人民出版社 2017 年版，第 360—364 页。

104.《宁肯少些，但要好些》（1923 年 3 月 2 日），《列宁全集》第 43 卷，人民出版社 2017 年版，第 382—384 页。

105.《致格·瓦·普列汉诺夫》（1903 年 3 月 2 日），《列宁全集》第 44 卷，人民出版社 2017 年版，第 328—330 页。

106.《致爱·爱·埃森》（1904 年 11 月 4 日），《列宁全集》第 44 卷，人民出版社 2017 年版，第 483 页。

107.《致亚·亚·波格丹诺夫》（1905 年 1 月 10 日），《列宁全集》第 45 卷，人民出版社 2017 年版，第 7—8 页。

108.《致谢·伊·古谢夫》（1905 年 2 月 15 日），《列宁全集》第 45 卷，人民出版社 2017 年版，第 14—15 页。

109.《致谢·伊·古谢夫》（1905 年 4 月 4 日），《列宁全集》第 45 卷，人民出版社 2017 年版，第 32—33 页。

110.《致潘·尼·勒柏辛斯基》（1905 年 8 月 29 日），《列宁全集》第 45 卷，人民出版社 2017 年版，第 73—75 页。

111.《致伊·费·阿尔曼德》（1915 年 1 月 17 日），《列宁全集》第 47 卷，人民出版社 2017 年版，第 64—65 页。

112.《致伊·费·阿尔曼德》（1915 年 1 月 24 日），《列宁全集》第 47 卷，人民出版社 2017 年版，第 68—71 页。

113.《致格·叶·季诺维也夫》（1916 年 7 月 4 日），《列宁全集》第 47 卷，人民出版社 2017 年版，第 357—358 页。

114.《致伊·费·阿尔曼德》（1917 年 2 月 25 日），《列宁全集》第 47 卷，人民出版社 2017 年版，第 530—531 页。

115.《致伊·费·阿尔曼德》（1917 年 2 月 27 日），《列宁全集》第 47 卷，人民出版社 2017 年版，第 531—532 页。

116.《致费·埃·捷尔任斯基》（1918 年 3 月 4 日），《列宁全集》第 48 卷，人民出版社 2017 年版，第 80—81 页。

117.《给南方面军革命军事委员会的电报》（1919 年 6 月 25 日），《列宁全集》第 48 卷，人民出版社 2017 年版，第 643—644 页。

118.《致格·马·克尔日扎诺夫斯基》（1920 年 12 月），《列宁全集》第 50 卷，人民出版社 2017 年版，第 63—64 页。

119.《同埃·马·斯克良斯基的来往便条》（1921 年 7 月 5 日和 9 月 2 日之间），《列宁全集》第 51 卷，人民出版社 2017 年版，第 22 页。

120.《致费·阿·罗特施坦》（1921 年 7 月 11 日），《列宁全集》第 51 卷，人民出版社 2017 年版，第 43 页。

121.《致尼·亚·谢马什柯》（1921 年 10 月 24 日），《列宁全集》第 51 卷，人民出版社 2017 年版，第 491—492 页。

122.《致彼·安·扎卢茨基和亚·亚·索尔茨》（1921 年 12 月 20 日），《列宁全集》第 52 卷，人民出版社 2017 年版，第 134—135 页。

123.《致约·维·斯大林》（1922 年 9 月 5 日），《列宁全集》

第 52 卷，人民出版社 2017 年版，第 455—456 页。

124.《致〈青年之路报〉编辑部》（1922 年 10 月 6 日），《列宁全集》第 52 卷，人民出版社 2017 年版，第 481 页。

后 记

本书是在笔者硕士学位论文的基础上修改完善而成的。在通过硕士学位论文答辩之后,囿于论文工作时间和自身学识水平等原因,并未将评审专家和答辩委员会专家对学位论文的意见建议和继续对该论题作出拓展研究的期待要求,全面详尽地反映和呈现在定稿学位论文当中。同时,在当前攻读博士学位期间,笔者又结合自身研究方向和最新研究体会,对列宁青年教育理论有了更为进一步的深化认识。本书的出版,在一定程度上弥补与实现了上述遗憾和愿望。

相较于笔者硕士学位论文对列宁青年教育理论的研究,本书除了在字数的工作量上增写了7万余字以外,还在内容的精进度上主要作了以下五个方面的工作。一是从整体上把握列宁青年教育理论,用全新增加的一章论证篇幅将列宁关于青年教育极具特色的创造性做法进行提炼、归纳和概括,进一步透彻展现列宁青年教育理论的思想精髓和观点精华,这一方面集中体现在本书的第5章。二是对列宁青年教育理论进行较为全面、客观、理性的评价,特别是重点阐释了在对这一理论进行现代性的转化和发展之后,其对于当前青年道德教育与劳动教育的理论与现实状况所能够焕发出的当代价值,同时补充阐明了列宁青年教育理论在"优化青年思想政治教育环境的协同效果"维度的启示，以上方面突出体现在本书的第 6 章。三是编制了"列宁关于青年及其教育问题论述的主要篇目索引"的工具性资料，这是笔者在研究列宁青年教育理论的过程中，逐渐积累、整理和汇总而成的最为根本性和基础性的文本支撑资料，第一次将之从"幕后"搬到"台前"，是由于深刻体会到研究经典作家著述的辛苦与不易，以求编制这一资料为其他研究这一理论问题的有关学者和同仁提供检索参考和研究便利，这一方面以附录的形式编入本书。四是跟踪学界近两年多以来关于列宁青年教育理论研究的最新研究动态和进展，对研究现状进行更新、改进与充实，以进一步启发研究思路、开拓研究空间，这一方面在本书的绪论和参考文献中体现得较为明显。五是为使行文更加流畅、引证更加规范，在部分章节增写了过渡冒段，对于一些词句进行了修订优化，另外根据新近出版的图书著作，按照从新、从全、从严的原则，对文中的文献引用版本和体例格式规范作了技术性调整，这一方面尤为体现在本书的脚注和参考文献当中。

回想攻读硕士学位期间，三年宝贵而难忘的青春时光，从公园路 977 号到南湖大路 5372 号，漫漫求学之路从延吉延伸至长春。本着对专业的热爱之情、对学科的探索之欲、对学术的敬畏之心，使我有幸能够与"思想政治教育"继续相伴千余个日夜，亲身感受"北国春城"的数个四季轮回、风景变幻，结识并受教于一路帮助我不断走向成熟的恩师兄长和同窗好友。此时此刻，唯有诚恳地道一声"谢谢"，借以聊表感激、感谢、感动、感恩之情。

感激师恩如海。撰写硕士学位论文，不仅是在这一求学时段对自身科研学术状况的集中呈现，更加是与我的导师——王淑荣教授三年师生相处的美好见证。在撰写学位论文阶段，正值抗击新冠疫情的特殊时期，论文选题和定题、大纲修改和调整、论文开题和撰写、论文预答辩和答辩等各环节，无不凝结着导师的倾心付出。延期开学期间，一通通数十分钟的通话指导和鼓励，开学返校之后一次次在办公室的耐心解答与点拨，都犹如一股股清泉流淌，滋润着我紧张焦虑和不安气馁的内心。三年以来，从初入师门的懵懂无知，到聆听导师的理论讲授，再到现如今的自信成长，王淑荣教授的言传身教，不但充实更新着我的知识结构、带我打开科学研究的神圣大门，而且引导我树立做学问、做事、做人的正确观念，这些都必将使我受益并践履终身。

感谢老师教诲。感谢吉林大学马克思主义学院思想政治教育专业的吴宏政老师、李忠军老师、常艳芳老师、韦洪发老师、石瑛老师、娄淑华老师、高德胜老师、王冬云老师、王丽荣老师、郑晓艳老师、张艳梅老师在学位论文开题、预答辩、答辩环节，以及专业课程学习等方面给予我十分中肯的意见建议和谆谆教诲。感谢学院的崔妍老师、高月老师、万佳悦老师、程思阳老师、赫玲玲老师在学生工作、日常生活和待人接物等方面对我的无私帮助、教导和充分认可。

感动同窗情谊。三年光阴，谢谢一同共度点滴岁月的师门所有兄弟姐妹，谢谢室友仪修洋、谭泽宇、何建春、孙唯策在多方面给予我的帮助和包容，谢谢多年好友吕函泽在论文资料收集等工作中提供的助力，谢谢学院2018级思想政治教育专业本科班的学弟学妹、硕士班的同学们带给我的无限感动。

感恩家人相守。感恩家人在背后给予我的多重理解和支持，让我始终充满向上向善的正能量，我们也都在为彼此日后更加幸福灿烂的日子而拼搏奋斗。我将带着感激之情、感谢之意、感动之怀、感恩之心，继续坚定勇敢出发，塑造更好的自己。

一段美妙旅途的终点，是下一段新征程的起点。在此，十分感谢辽宁人民出版社给予我这次展示学术研究成果的难得机会，本书的顺利出版发行离不开社内编辑和审校老师们付出的大量辛勤劳动，他们以严谨的专业精神、耐心的释疑解惑、周全的工作保障深深地感染着我，也使我从中获益良多，如果没有他们的热情支持与帮助，本书质量就难以得到优质保障，谨致以衷心的谢意。

虽然笔者在本书写作中力求尽善尽美，但学无止境。一方面，这是青年学术研究者在学生时代的一部习作，是为正式迈入学术殿堂而积攒准备的一块"敲门砖"；另一方面，这是笔者研究列宁思想理论的一次初步尝试，未来还有浩瀚的马克思主义经典作家学说宝库有待深入探索。因此，本书难免存在着些许不足，甚或舛误之处，敬请各位专家学者、同仁和读者朋友批评指正！

张建峰

2023 年 8 月